MONOGRAPHIE D'UN BOURG PICARD

1re Partie

INTRODUCTION

À

L'HISTOIRE DE DÉMUIN

PAR

ALCIUS LEDIEU

Conservateur de la Bibliothèque d'Abbeville
Correspondant du ministère de l'Instruction publique et du Comité
des Beaux-Arts des Sociétés des départements, etc.

(Ouvrage honoré de la Souscription du Conseil général de la Somme)

PARIS

ALPHONSE PICARD, LIBRAIRE-ÉDITEUR

82, rue Bonaparte, 82

M DCCC XC

INTRODUCTION

A

L'HISTOIRE DE DÉMUIN

MONOGRAPHIE D'UN BOURG PICARD

1ⁱ Partie

INTRODUCTION

A

L'HISTOIRE DE DÉMUIN

DEPUIS LES TEMPS LES PLUS RECULÉS JUSQU'A NOS JOURS

PAR

ALCIUS LEDIEU

Conservateur de la Bibliothèque d'Abbeville
Correspondant du ministère de l'Instruction publique

(Ouvrage honoré de la Souscription du Conseil général de la Somme)

PARIS

ALPHONSE PICARD, LIBRAIRE-ÉDITEUR

82, rue Bonaparte, 82

M DCCC XC

Dans la composition de leurs monographies, les historiens locaux s'attachent avant tout à donner une suite aussi complète que possible des seigneurs qui se sont succédé dans la possession du domaine, quoique, le plus souvent, ces maîtres aient brillé d'un éclat très tempéré.

Quant à l'intérêt qui doit dominer toujours, celui de la généralité des Français, du peuple, des habitants des campagnes, il n'en est nullement question.

J'ai voulu combler cette lacune. Ceux pour qui les petits et les humbles ne comptent point ont trouvé que cette première partie est un hors-d'œuvre, mais leur jugement m'importe peu.

Afin d'édifier le monument de réparation nationale qu'attend toujours Jacques Bonhomme, ce brave et bon ancêtre, il faut que, dans chaque cité, chaque bourg, chaque village si infime fût-il, un chercheur évoque les témoignages du passé, qu'il metle au jour les documents oubliés, les souvenirs et les traditions qui rendent à ces localités leurs physionomies et leurs caractères spéciaux à travers les âges.

Il faut que des travailleurs dévoués, payant à leur lieu d'origine ou d'adoption un tribut filial, s'attachent, sans espoir de lucre ou de vaine gloriole, à des recherches d'un intérêt limité mais qui, seules, peuvent fournir des assises stables à l'histoire de la nation française.

Pour la rédaction de cette étude, écrite sans passion, j'ai tenu à me mettre à la portée de ceux auxquels elle s'adresse plus spécialement.

Avant tout, j'ai voulu faire œuvre de vulgarisation.

Si j'ai pris pour base de mon étude un ancien bourg du Santerre, c'est que son histoire m'est le mieux connue.

Ce qui se passait à Démuin avait lieu à peu près partout de la même façon dans notre ancienne Picardie.

Le chapitre premier est consacré à la vie rurale depuis les temps préhistoriques jusqu'à la Révolution.

Les chapitres suivants contiennent des considérations générales sur les châteaux, les seigneuries, les droits féodaux et le symbolisme des églises.

Toutes ces données ont été puisées aux sources les plus diverses.

Quand les documents manuscrits ont fait défaut, j'ai suppléé aux lacunes que les plus scrupuleuses recherches ne permettent pas toujours de combler en faisant des emprunts aux auteurs les plus sérieux et d'opinions diverses qui se sont occupés, de près ou de loin, de l'histoire des populations rurales.

Qu'il me suffise de nommer MM. A. Babeau, H. Baudrillart, baron A. de Calonne, L. Delisle, Paul Lacombe, Ch. Louandre, Alfred Rambaud, H. Taine, A. de Tocqueville, etc.

CHAPITRE PREMIER

LE BOURG

§ Ier. — Époque préhistorique

Conjectures sur l'existence de Démuin aux temps préhistoriques. — Mœurs des hommes de cette époque. — Instruments en silex. — Habitations lacustres.

LE bourg de Démuin, connu sous ce nom depuis le premier quart du neuvième siècle, remonte à une bien plus haute ancienneté.

Il est peu de localités aujourd'hui qui puissent se flatter d'avoir une origine contemporaine des peuples primitifs.

Depuis bien longtemps, j'ai recueilli moi-même à la surface du sol ou dans les carrières ouvertes sur le territoire de Démuin de nombreux silex travaillés. J'ai appelé sur ces objets de l'époque préhistorique l'attention de quelques-uns des habitants, qui en ont découvert un certain nombre sur différents points du terroir. La moisson a été abondante, ainsi qu'on le verra dans la seconde partie de cet ouvrage.

Il me paraît indispensable de dire ici quelques mots des mœurs des hommes qui fabriquaient ces objets,

Les premiers habitants de notre beau pays de France demeuraient dans des cavernes, naturelles d'abord, basses, humides, obscures, situées au pied d'un rideau, d'une montagne, d'un rocher. Nos caves avec leur voûte en pierres ou en briques, avec leur sol uni, consti-

FIG. 1. — Habitation préhistorique.

tueraient sans aucun doute une demeure plus commode et plus élégante.

Ils étaient là, serrés les uns contre les autres, avec quelques animaux qu'ils avaient pu apprivoiser. Une large pierre fermait l'entrée de leur caverne lorsque le soir venait, car ils craignaient les bêtes féroces, peuplant les bois qui couvraient à cette époque les trois quarts de notre patrie.

Les lits de ces premiers hommes étaient le sol; leurs matelas, des feuilles sèches. Voulaient-ils obtenir du feu? Ils frottaient longtemps deux morceaux de bois l'un contre l'autre, ainsi que le font encore aujourd'hui plusieurs peuplades de sauvages. Ils faisaient cuire de grossiers aliments, mais ils les mangeaient crus quand le feu leur manquait.

Lorsque l'homme apparut sur la terre, seul, nu, pour ainsi dire, en face des animaux féroces, l'instinct de conservation lui fit chercher une arme pour se défendre contre ses ennemis; il dut employer tout d'abord un bâton, arme bien insuffisante assurément ; puis, il ramassa quelques cailloux, dont il se servit pour atteindre son adversaire de loin ; enfin, il tailla ces cailloux, les ajusta, pour ainsi dire, à sa main, et il les utilisa dans ses chasses et dans ses combats.

Cette période, dont l'archéologie moderne a pu reconstituer la physionomie générale, grâce surtout aux travaux de Boucher de Perthes, a été désignée par elle sous la dénomination de *l'âge de pierre*. On l'appelle aussi *époque préhistorique,* parce qu'elle est antérieure de beaucoup aux temps dont l'histoire fait mention. Toutefois, je suis loin de partager l'opinion de M. de Mortillet, qui prétend que le premier homme ou plutôt le précurseur de l'homme, appelé par lui anthropopithèque, [1] vivait il y a plus de deux cent trente mille ans ; [2] ses affirmations ne reposent que sur des hypothèses très contestables. Au reste, cet auteur déclare lui-même n'avoir « pas jusqu'à présent rencontré les débris de ces anthropopithèques. » [3]

Quoi qu'il en soit, les archéologues font, de l'âge de pierre, deux divisions : l'*âge de la pierre taillée* et l'*âge de la pierre polie.*

Dans le premier de ces âges, l'homme vivait en même temps que de grands mammifères, dont les espèces sont depuis longtemps éteintes.

Les instruments en bois qui devaient alors servir aux hommes ont disparu, mais les pierres taillées se rencontrent encore dans le sol.

Les instruments en silex affectent tous à peu près

1. *Revue d'anthropologie,* 15 janvier 1879, p. 117.
2. *Le préhistorique,* 1883, p. 627.
3. Ibid., p. 126.

la même forme : c'est une pierre plus ou moins longue, dont l'une des extrémités a été rendue tranchante, tandis que l'autre est restée intacte ; on les appelle des *haches à talon.*

Suivant un auteur qui s'est occupé de cette question,[1] la taille moyenne de l'homme ne devait point alors dépasser 1^{m}71, mais il avait les avant-bras et les jambes relativement allongés par rapport aux bras et aux cuisses. Le crâne présentait un front fuyant ; les arcades sourcilières étaient proéminentes ; la mâchoire inférieure, avançant beaucoup, était ce que l'on nomme *prognathe ;* la mâchoire supérieure était au contraire fuyante ; l'une et l'autre se trouvaient armées de dents volumineuses. La capacité du cerveau, inférieure à celle des races actuelles, demeurait cependant bien supérieure à celle des singes les plus développés.

On suppose que les cheveux devaient être rudes et touffus, recouvrant le front assez bas ; la barbe devait pousser longue, inculte et désordonnée. Une peau d'animal, tout au plus grossièrement préparée, couvrait incomplètement les premiers initiateurs de la civilisation. Cependant se douterait-on que le goût de la parure commençât

Fig. 2. — L'homme des cavernes.

1. G. de Mortillet, *loc. cit.*

déjà à poindre? En effet, dès ces temps reculés, des coquilles fossiles, des pierres naturellement. trouées servaient à faire soit des colliers soit des. bracelets.

A ces premiers sauvages ont succédé d'autres hommes, d'une race différente. Leur existence est aussi constatée par des instruments en silex, dont la forme s'est perfectionnée en ce sens que les outils, taillés sur toute leur surface, présentent une pointe rendue tranchante, tandis que l'autre extrémité est épaisse et arrondie.

A ces silex, de formes plus variées, se trouvent associés d'autres instruments en os, sur quelques-uns desquels on a même rencontré les traces d'une grossière sculpture.

Cette seconde race d'hommes, plus puissante que la première, émigra sans doute sous l'influence du climat, ou bien dégénéra, car on rencontre les débris d'une troisième race, qui lui succéda. Les hommes de cette dernière race, beaucoup plus petits, vivaient à l'époque de la pierre polie.

FIG. 3. — L'homme des dolmens.

Le progrès accompli par cette race a suivi une marche ascendante. Les animaux utiles sont transformés à l'état domestique; des canots sont creusés dans des troncs d'arbres et servent à la navigation; les instruments en silex atteignent leur dernière perfection par le polissage.

En effet, c'est à cette époque que l'on rendit les cailloux polis comme le marbre en les frottant sur le grès ; on en fit des haches, des massues, des épées que l'on emmanchait à l'extrémité d'un bâton, d'un os de cerf, de buffle ou de renne. On fabriqua aussi des couteaux, des ciseaux, des scies, qui servaient aux mêmes usages que nos outils d'aujourd'hui ; on confectionna surtout des poignards d'une forme élégante, pourvus d'une poignée, fort bien taillés et admirablement polis.

Avec de telles armes, les hommes de cette époque reculée se trouvaient souvent bien impuissants pour lutter contre les animaux des forêts. Aussi, que de soins ne mettaient-ils pas pour dissimuler et fortifier leurs cavernes ! Mais ils ne pouvaient pas toujours se préserver complètement de la gueule affamée de leurs ennemis. Ils durent chercher d'autres abris plus sûrs. Où les trouvèrent-ils ? Sur les eaux.

Coupant de jeunes arbres avec lesquels ils faisaient des pieux, ils les enfonçaient près du rivage ; ils posaient ensuite horizontalement d'autres arbres sur ces pieux pour établir le plancher de leur habitation, puis ils formaient les murs et le toit à l'aide de troncs et de branches d'arbres entrelacées.

Le bois n'était pas cher à cette époque, car la propriété n'existait pas : il ne coûtait que la peine de le couper ; mais, avec des outils en silex, que de temps et de mal ne fallait-il pas pour construire une misérable cabane !

Un pont très étroit faisait communiquer ces cabanes avec le rivage.

Des villages entiers étaient ainsi construits sur les lacs. Ces sortes de maisons et de villages sont appelés *lacustres* par les savants qui ont étudié les découvertes de cette nature faites depuis une trentaine d'années. On a trouvé plus de deux cents villages de ce genre dans les lacs de la Suisse.

On a aussi retrouvé des pieux en quantité, des haches en silex, des pointes de flèche, des bracelets, des boucles et même des grains de blé que la vase avait noircis, et enfin mille autres objets.

Les savants trouvent souvent l'origine celtique d'un village dans son appellation ; c'est du reste à ce peuple, qui précéda les Gaulois dans l'occupation de notre patrie, que l'on doit faire remonter la fondation de certains villages ou bourgades. Toutefois, il faut se mettre en garde contre les étymologies de noms de lieux donnés par les savants, qui se perdent souvent en probabilités, en conjectures.

Si les noms de la plupart des localités de la Bretagne ont conservé leur dénomination celtique, il n'en est point de même en Picardie, où l'on n'en trouverait qu'un très petit nombre. Mais la preuve la plus certaine de l'occupation d'un pays par les peuples primitifs repose surtout dans la découverte des instruments en silex.

§ II. — Époque gauloise

Découvertes d'antiquités gauloises à Démuin. — Occupation de
cette localité par les Gaulois ; son aspect ; mœurs et usages
de ses habitants. — Costume. — Culture. — Manière de bâtir.

———

Les Gaulois, qui succédèrent aux Celtes dans
l'occupation de notre patrie, établirent plus d'un
village dont l'emplacement fut constamment habité
jusqu'à nos jours.

Les diverses antiquités gauloises trouvées en
différents endroits du territoire de Démuin sont une
preuve de son occupation par les Gaulois, qui cons-
truisaient leurs habitations auprès des eaux vives,
des claires fontaines, qu'ils adoraient. Dom Grenier, [1]
s'appropriant un passage de Pelloutier, [2] dit qu'en
« déifiant ou le cours des rivières ou leurs sources,
les Belges avaient donné. sans doute, à chacune un
nom propre et relatif à l'objet divin qu'ils voulaient
représenter, car il n'y a ni fontaine ni ruisseau qui
n'ait son esprit, son génie particulier. »

La rivière qui traverse Démuin devait être alors
plus importante qu'elle ne l'est aujourd'hui, et les
bois qui couvraient ses deux rives convenaient à ce
peuple pour la célébration de son culte.

Il y a tout lieu de supposer que cette rivière, qui
s'apppelle la Luce, pourrait bien avoir été ainsi

1. *Introduction à l'histoire générale de la province de Picardie*, p. 172.

2. *Histoire des Celtes*, liv. III, ch. IX, § Ier.

nommée par les Gaulois à cause de la déesse Lucine, qui présidait à la naissance des enfants.

J'ai remarqué pendant très longtemps, près du chemin de Démuin à Courcelles, un énorme bloc de grès taillé sur l'une de ses faces ; il provenait peut-être d'un menhir que les druides utilisèrent plus tard comme autel. Les plus âgés des habitants m'ont dit qu'en dernier lieu ce grès avait servi à supporter le pivot de la porte cochère du prieuré de Saint-Clément de Courcelles.

Enfin, je dois encore faire valoir une autre hypothèse tendant à démontrer que Démuin a été occupé par les Gaulois. Il se trouve sur le terroir deux soles, appelées l'une le *Bois des Mottes,* et l'autre *Vignes des Mottes.* Or, il est démontré que ce nom de *motte* ne désigne pas toujours un *tumulus,* mais bien souvent un endroit utilisé par les Gaulois pour leur télégraphe aérien. De distance en distance, un homme, posté sur un point élevé, transmettait les nouvelles par la voix à un autre homme placé plus loin sur un tertre. Quelquefois on allumait des feux sur ces tertres naturels ou factices.

Reportons-nous de vingt siècles en arrière, et voyons quel pouvait être l'aspect de Démuin, et les mœurs et les usages de ses habitants à cette époque reculée.

Chez les Gaulois, on ne reconnaissait que deux ordres, les druides et les chevaliers, possédant seuls les honneurs et les propriétés. Quant au peuple, il comptait à peine ; soumis au caprice des grands, il était réduit à implorer l'appui des nobles ; en échange, il devait cultiver leurs terres et les suivre à la guerre. Cet esclavage volontaire de la part du peuple devint héréditaire par la suite, de telle sorte que les laboureurs qui avaient demandé à former la clientèle des grands devinrent leurs esclaves dans toute la force du terme.

Les prêtres gaulois s'appelaient *druides*, mot signifiant hommes du chêne, car ils vénéraient cet arbre, le plus beau des forêts. Ils habitaient les bois et se couronnaient du feuillage du chêne; ils faisaient le plus grand cas du gui, cette plante parasite qui pousse sur différentes essences d'arbres.

Au renouvellement de l'année, les druides faisaient la récolte du gui poussant sur le chêne, ce qui se produit rarement. A cet effet, un druide, muni d'une faucille d'or, tranchait le gui, pendant que d'autres prêtres, placés au pied de l'arbre, recevaient la plante sacrée sur un drap de lin pour éviter qu'elle ne fût profanée en tombant sur le sol. Tous les spectateurs poussaient alors des hourrahs formidables et criaient : « Au gui l'an neuf ! »

Les Gaulois attribuaient au gui du chêne des propriétés précieuses, telles que la guérison des maladies, la science de l'avenir, etc. On pense aussi que cette plante, aux yeux des druides, était le symbole de l'immortalité de l'âme, car ils enseignaient qu'après la mort l'âme passait dans un autre corps.

Les Gaulois n'avaient point d'idoles, mais ils croyaient en un dieu de la guerre, du tonnerre, des montagnes, du commerce, de l'éloquence, des sources, des fontaines, des rivières, etc. Leurs autels étaient d'énormes blocs de grès que l'on rencontre encore aujourd'hui, et que l'on appelle *menhirs*, *cromlechs*, *pierres levées*, etc. Sur ces autels, ils sacrifiaient des victimes humaines, des esclaves, des prisonniers de guerre ! Toutefois, je ferai observer que l'opinion attribuant aux Gaulois ces autels de grès est contestée par les archéologues, qui prétendent, avec assez de raison, que ces pierres auraient servi aux tombeaux des peuples occupant notre pays avant les Gaulois.

On s'accorde généralement aujourd'hui à reconnaître que les dolmens datent de l'âge de la pierre polie ; c'est par erreur qu'on les appelées pierres druidiques ou monuments celtiques.

Lorsque les druides arrivèrent en Gaule, ils trouvèrent ces monuments mystérieux construits par les peuples qui les précédèrent ; ils attribuèrent sans doute une origine surnaturelle à ces monuments et s'en servirent probablement pour l'exercice de leur culte. Ces prêtres instruisaient la jeunesse, rendaient la justice, exerçaient la médecine et s'adonnaient aux arts, à la poésie, à l'éloquence.

Les Gaulois étaient grands et bien faits ; ils avaient une chevelure blonde qu'ils aimaient à teindre en rouge, une peau très blanche et de beaux yeux bleus. Ils étaient vaillants, hardis, emportés et prompts à se quereller, aussi entretenaient-ils sans cesse des guerres les uns contre les autres, mais ils pratiquaient les devoirs de l'hospitalité avec un soin sans égal. Si quelque injustice était commise à l'égard de l'un de leurs voisins, ils se rassemblaient tous pour le venger. Braves jusqu'à l'extravagance, ils lançaient des flèches contre le ciel lorsqu'il tonnait.

Le sol de la France, aujourd'hui si bien cultivé, couvert de vignobles, de moissons variées, présentait un aspect bien différent à l'époque où il était occupé par les Gaulois. De vastes marais, d'immenses étangs au milieu des vallées, des forêts séculaires et impénétrables sur les plateaux et sur les collines, peuplées d'ours, de loups, de bœufs sauvages, telle était la physionomie de la Gaule.

Un territoire aussi mal cultivé ne devait guère convenir à ce peuple aimant par-dessus tout les aventures. En outre, dans les dernières classes de la société, les enfants étaient très nombreux, aussi arrivait-il souvent qu'une partie de ces peuplades allait, comme un essaim, s'établir ailleurs, parce qu'une trop grande réunion d'habitants sur un même point finissait par épuiser la terre, bien que le sol de la Gaule fût l'un des plus fertiles du monde. Voilà pourquoi les Gaulois entreprirent de fréquentes expéditions, soit pour trouver des terres meilleures, comme en Italie, en Espagne et même en Asie, soit pour piller des peuples plus riches.

Le costume national se composait de quatre pièces principales pour les hommes : la tunique, la saie, les braies et le manteau. La tunique était un gilet serré descendant à mi-cuisse; la saie formait une sorte de manteau s'agrafant sur l'épaule et recouvrait les braies et la tunique; les braies étaient une espèce de pantalon, larges dans quelques tribus, collantes dans d'autres; elles descendaient d'abord jusqu'aux chevilles, mais, plus tard, elles s'arrêtèrent aux talons; enfin, le manteau à capuchon servait de coiffure.

Les Gaulois marchaient pieds nus; mais les plus riches portaient des semelles de bois ou de liège attachées à la jambe avec des courroies. Ces chaussures, appelées *galliæ,* sont aujourd'hui les *galoches.* Ils aimaient à se parer de bijoux de diverses sortes et portaient des plaques de métal sur le haut de la poitrine, des bracelets et des anneaux d'or aux bras et aux doigts, des ceintures incrustées, et surtout un collier nommé *torques,* qui était pour ainsi dire l'ornement obligatoire des guerriers; les casques de ces derniers, couverts de figures bizarres, portaient une alouette au sommet.

Les habitants des Gaules étaient soigneusement peignés et lavés, et, quelque pauvres qu'ils pussent être, ils furent toujours d'une mise convenable.

Les femmes égalaient leurs maris en taille et en courage, aussi étaient-elles admises dans les conseils publics. Elles portaient une espèce de tunique avec ou sans manches, descendant jusqu'aux pieds et laissant le haut de la poitrine découvert; elles attachaient sur les hanches une espèce de tablier, et leur vêtement ne se composait que de ces deux pièces.

Lorsqu'un père voulait marier sa fille, il réunissait un certain nombre de personnes et même des étrangers auxquels il donnait un festin. La jeune fille paraissait à la fin du repas portant une coupe pleine de vin, qu'elle présentait à celui qu'elle choisissait pour époux.

Cet usage existe encore de nos jours dans le Morvan et dans quelques pays basques.

La dot du mari devait égaler celle de la femme, et, après la mort de l'un des deux conjoints, les dots et les fruits qui en provenaient devenaient la propriété des survivants.

Chez les Gaulois, la chasse, outre qu'elle avait pour but de subvenir à leurs besoins alimentaires, était aussi un apprentissage de valeur. A chaque lièvre tué, ils mettaient deux oboles en réserve; à chaque biche, quatre drachmes, etc.

Les habitations, toujours construites dans le voisinage des fleuves et des forêts, étaient faites de branches d'arbres, de roseaux et de boue, et recouvertes avec de la tourbe ou de la paille, car, dans les découvertes de villes gauloises, que l'on a faites, on n'a jamais rencontré de tuiles. Ces habitations étaient le plus souvent établies au-dessous du

FIG. 4. — Habitation gauloise.

niveau du sol et se composaient d'un étage pourvu d'une seule ouverture ; elles affectaient presque toujours la forme circulaire et avaient ordinairement de trois à quatre mètres de diamètre. Il n'y avait point de cheminée ; le feu se faisait sur le sol, au milieu de l'appartement ; la fumée s'échappait par un trou ménagé dans le toit.

La culture de la vigne était connue en Gaule six cents ans avant Jésus-Christ, car, lorsque le Phocéen Euxène aborda sur le rivage où il devait fonder Marseille, Petta ou Gyptis — fille du Gaulois Protis, que certains auteurs appellent Nann, à tort, puisque *nann* signifie chef, — Petta, dis-je, présenta du vin à Euxène, qu'elle choisit pour époux.

Quand le Gaulois donnait un festin, il faisait asseoir ses convives sur du foin disposé en guise de sièges et leur présentait des cornes d'urus tués par lui, dans lesquelles ils buvaient à la ronde. Ces cornes, gardées comme trophées, étaient ordinairement ornées d'anneaux d'or et d'argent et servaient de parade. Ils buvaient aussi dans les crânes de leurs ennemis tués à la guerre.

Lorsqu'un chef avait perdu la vie dans un combat, on brûlait avec lui tout ce qui lui avait servi, tout ce qui lui était cher; on allait même jusqu'à brûler ses esclaves !...

Ce peuple, qui connaissait le fer et savait le forger, fabriquait des armes avec ce métal, des épées, des piques, des boucliers, des cuirasses de mailles de fer, etc.; on en a retrouvé en différents endroits de Démuin.

§ III. — Époque romaine.

Les Gaulois, vaincus par les Romains, cultivent la terre : leur
condition malheureuse. — Mœurs et usages des Gallo-
Romains. — Manière de bâtir.

Après avoir guerroyé tant de fois avec succès
contre les Romains, les Gaulois virent la fortune se
tourner du côté de leurs adversaires, mieux disci-
plinés et plus patients.

Les Romains commencèrent d'abord par soumettre les Gaulois établis en Italie. Enhardis par
leurs premiers succès, ils traversèrent les Alpes,
vinrent attaquer les Gaulois dans leur propre pays
et s'emparèrent du territoire avoisinant la Médi-
terranée ; cela se passait cent vingt-cinq ans avant
Jésus-Christ.

Environ trois quarts de siècle plus tard (cin-
quante-huit ans avant Jésus-Christ), Jules César,
l'un des plus célèbres conquérants de l'antiquité,
profitant des divisions intestines des Gaulois, entra
dans leur pays à la tête d'une armée romaine. Par
son génie, par l'excellente discipline de ses troupes,
il parvint à vaincre successivement toutes les peuplades ennemies, et, au bout de huit années de
combats, d'insurrections étouffées, la Gaule était
entièrement soumise aux Romains.

Les Gaulois, condamnés au repos, portèrent toute
leur activité dans les travaux de la paix. Ces fiers
guerriers, autrefois si belliqueux, défrichèrent le
sol qu'ils avaient tant de fois foulé aux pieds avec

le plus superbe dédain ; ceux qui abandonnaient jadis le soin de la culture à leurs esclaves ou à leurs femmes, étaient heureux alors de pouvoir employer utilement leur courage dans ces sortes de travaux.

Les villes et les villages se multiplièrent ; des routes furent créées partout pour faciliter le développement du commerce et la marche de la civilisation. Les Romains, accourus en foule, firent élever d'immenses et magnifiques villas, et un grand nombre de nos villages doivent à ces conquérants leur origine, leur fondation.

Autour des villas des riches s'étendaient les cabanes des colons, créatures bien malheureuses, obligées de cultiver la terre et de payer une redevance fixe au propriétaire. Si la terre était vendue, on livrait les colons avec elle. Au-dessous d'eux, il y avait les esclaves, pauvres bêtes de somme, qui ne pouvaient jamais rien posséder, et qui travaillaient toujours et sans relâche au profit du maître.

Fig. 5. — Paysan gallo-romain portant le bardocuculle.

Les impôts établis par les vainqueurs pesaient d'un poids énorme sur le peuple subjugué ; aussi, lorsque les officiers romains chargés de les percevoir arrivaient dans les villages, ce n'étaient que cris et que pleurs : les pauvres laboureurs n'avaient pas de quoi payer ; on les jetait en prison, où la plupart d'entre eux mouraient de misère ; d'autres se pendaient de désespoir. Des villages entiers se trouvèrent abandonnés par les habitants, qui croyaient ainsi se soustraire à la misère. Mais les officiers romains, pour recueillir quand même le montant des impôts, faisaient vendre comme esclaves les fermiers insolvables, leurs femmes et leurs enfants !

Qu'arriva-t-il alors ? On le devine sans peine : le paysan refusa de travailler à la terre, qui demeura inculte. Les riches, qui s'étaient livrés aux plaisirs les plus effrénés et avaient montré le luxe le plus somptueux, virent bientôt arriver la décadence.

Les deux premiers siècles de l'occupation romaine avaient été heureux pour tous, mais les deux siècles suivants ne présentent que honte et misère. La division était partout, dans chaque famille, dans chaque maison. Une nation est bien près de sa ruine lorsqu'elle est ainsi livrée aux divisions intestines.

La Gaule allait devenir une fois encore la proie d'un peuple voisin. Avant d'aller plus loin, je dirai un mot des mœurs et des usages des Gallo-Romains.

Après la conquête de la Gaule, une grande révolution s'opéra dans l'art de la construction. La plupart des villages avaient été détruits ; d'autres s'établirent, non plus dans les vallées, mais sur les plateaux ou sur les collines qui les avoisinaient ; les Romains redoutaient surtout les soulèvements du peuple qu'ils voulaient asservir. Chaque village étant ainsi bâti sur le point le plus élevé du territoire, il était facile de surveiller au loin dans la plaine les mouvements de troupes qui pouvaient se produire.

La demeure du chef ou seigneur de chacune de ces localités était une magnifique construction en pierres et en briques, couverte de tuiles à rebords ; elle se composait d'un corps de logis principal avec étage, comprenant plusieurs pièces. A l'intérieur, on voyait un pavé en mosaïque ; les murs étaient peints à fresque dans quelques pièces et recouverts d'un mortier colorié dans plusieurs autres. Avec les dépendances telles que remises, écuries, boulangeries, la demeure du chef formait un carré régulier, au milieu duquel se trouvait une cour plantée de fleurs.

Autour de cette espèce de château s'élevaient les métairies, qui servaient à la culture et à l'élève des animaux domestiques et autres, tels que chevaux, moutons, lièvres, loirs, escargots, daims, chevreuils, etc. Il y avait aussi des étangs où l'on nourrissait du poisson.

Les Gaulois, qui adoptèrent les mœurs et les usages des vainqueurs, avaient aussi emprunté leur manière de bâtir.

Démuin subit sans doute le même sort que les autres villages gaulois : il fut détruit ou brûlé pendant les guerres d'invasion. De la vallée, il se trouva transporté au sommet de la colline qui s'élève à l'est.

Je n'ai pour preuve de l'occupation de ce lieu par les Romains que les découvertes qu'on y a faites en divers endroits, consistant en tuiles à rebords, poteries rouges dites de Samos, pièces de monnaies à l'effigie d'empereurs romains, etc.

Une autre preuve plus probante est celle d'un établissement romain, à l'*Arbre du Bois pendu,* dont il sera parlé à la seconde partie.

§ IV. — Époque mérovingienne

Invasion de la Gaule. — Arrivée des Francs ; mœurs et usages
de ce peuple. — Aspect des villages francs. — Découvertes
d'objets mérovingiens à Démuin. — Preuves de l'existence
de cette localité au neuvième siècle.

———

Pendant quatre cents ans, la Gaule resta incor-
porée à l'empire romain. Durant la première moitié
de ce long espace, les empereurs qui s'étaient succédé gouvernèrent avec le plus vif éclat. Mais les
maîtres de Rome des deux derniers siècles firent
preuve de la plus grande incapacité et ne surent pas
protéger leurs sujets.

Les Francs, peuple de la Germanie, s'étaient
établis sur les bords du Rhin dès le milieu du
IIIᵉ siècle. Aux premiers symptômes de la décadence
romaine, ils franchirent le fleuve et pillèrent pendant de longs jours. Les Gaulois, asservis durant
quatre siècles, fuyaient honteusement à l'approche
d'une poignée de Germains.

Ces pillages se pratiquaient depuis un demi-siècle ;
la moisson était toujours abondante et facile. La nouvelle en fut portée bien au delà du Rhin, derrière
les Francs, et plus loin encore, chez les peuples
avoisinant le Danube.

Le 31 décembre 406, une multitude innombrable
de Vandales, d'Alains, de Suèves, de Burgondes, de
Saxons, de Quades, de Gépides, traversa le Rhin
sur la glace. Les Francs suivirent ce flot destruc-
teur, qui se répandit jusqu'en Espagne ; l'empire

romain avait vécu. Mais les Francs n'accompagnè-
rent point jusqu'au bout ces peuples barbares ; ils
s'arrêtèrent dans le nord de la Gaule, où ils se
fixèrent définitivement.

Un illustre historien, ou plutôt un martyr, qui
abrégea ses jours et perdit la vue de bonne heure
en se livrant à ses savantes études, Augustin
Thierry, a tracé de nos ancêtres le portrait suivant :

« Les Francs relevaient et rattachaient sur le
sommet du front leurs cheveux d'un blond roux,
qui formaient une espèce d'aigrette et retombaient
par derrière en queue de cheval. Leur visage était
entièrement rasé, à l'exception de deux longues
moustaches qui leur retombaient de chaque côté de
la bouche. Ils portaient des habits de toile serrés
au corps et sur les membres par un large ceinturon
auquel pendait l'épée. Leur arme favorite était une
hache à un ou deux tranchants, dont le fer était
épais et acéré et le manche très court. Ils commençaient le combat en lançant de loin cette hache soit
au visage, soit contre le bouclier de l'ennemi. Rarement ils manquaient d'atteindre l'endroit précis où
ils voulaient frapper. Outre la hache, qui, de leur
nom, s'appelait *francisque,* ils avaient une arme de
trait particulière, que, dans leur langue, ils nom-
maient *hang,* c'est-à-dire hameçon. C'était une
pique de médiocre grandeur, propre à servir de
près et de loin, dont la pointe, longue et forte, était
armée de plusieurs barbes ou crochets tranchants
et recourbés comme des hameçons. Des lames de
fer en recouvraient le bois dans presque toute sa
longueur, de sorte qu'il ne pouvait être brisé ni
entamé à coup d'épée. Lorsque ce hang s'était fiché

au travers du bouclier, les crocs dont il était garni en rendant l'extraction impossible, il restait suspendu et balayait la terre par son extrémité. Alors le Franc qui l'avait jeté s'élançait, et, posant un pied sur le javelot, appuyait de tout le poids de son corps et forçait l'adversaire à baisser le bras et à se dégarnir ainsi la tête et la poitrine. Quelquefois le hang, attaché au bout d'une corde, servait en guise de harpon à amener tout ce qu'il atteignait. Pendant qu'un des Francs lançait le trait, son compagnon tenait la corde, puis, tous deux joignaient leurs efforts, soit pour désarmer l'ennemi, soit pour l'attirer lui-même par son vêtement ou son armure. »

Les Francs n'avaient qu'une femme; la loi les autorisait à la battre et même à la mettre à mort si elle s'écartait de son devoir. De même, la loi punissait rigoureusement le mari qui abandonnait sa femme pour en épouser une autre.

Lorsqu'un jeune homme voulait se marier, il devait, pour ainsi dire, faire la dot de sa femme, car il était tenu de lui donner en toute propriété une partie de ses biens, que ses beaux-parents héritaient; il devait en outre faire des présents aux plus proches parents de celle qu'il épousait.

Après leur mariage, les femmes devenaient inséparables de leur mari; elles le suivaient à la guerre et vivaient dans les camps. Aussi les enfants nés au milieu du bruit des armes et accoutumés au péril, faisaient des guerriers avant l'âge et comblaient de bonne heure les vides qui se produisaient dans les rangs des soldats.

Les Francs qui se fixèrent définitivement dans le nord de la Gaule sont désignés par les historiens sous le nom de Francs saliens. L'un de leurs chefs les plus illustres, Mérovée, donna son nom à la première race de nos rois, que son petit-fils, Clovis, devait également illustrer. En effet, ce dernier parvint à se faire reconnaître seul chef de toutes les tribus franques établies dans la Gaule, et recula les limites de ses états de la Somme aux rives de la Garonne.

Pour l'existence de Démuin durant la période mérovingienne, j'en suis réduit aux conjectures. Il est probable que le village gallo-romain établi dans la plaine, à l'est, fut détruit par les Francs, qui se fixèrent dans la vallée, à peu près à l'endroit occupé par les Gaulois, car ce qui décidait chez les Francs l'emplacement de leurs campements, c'était un bois, un champ, une fontaine. Ce peuple construisait des maisons, des fermes, des forteresses même, établissait des villages mais n'avait point de villes. Les matériaux employés pour ces constructions étaient informes.

De grands espaces vides séparaient les maisons pour les mettre à l'abri des incendies, car elles étaient couvertes en chaume, — les Francs ne connaissant pas plus la tuile que le ciment. Ces sortes d'habitations imparfaites et insuffisantes ne servaient à abriter nos aïeux que pendant l'été; ils avaient, pour l'hiver, un asile bien plus primitif, qui consistait en de vastes souterrains dont le sol était recouvert d'une couche épaisse de fumier. Dans ces sortes de terriers, ils déposaient aussi leurs grains pour les mettre à l'abri du pillage des peuples voisins.

L'occupation de Démuin pendant l'époque mérovingienne nous est révélée par les différentes découvertes d'objets datant de cette période, tels que bijoux, monnaies, poteries, sépultures, etc. On trouva plusieurs cercueils en pierre, renfermant des armes, — les Francs descendaient tout armés dans la tombe, — des vases en terre et des pointes de flèche en silex, car l'usage de tailler les pierres se perpétua très longtemps et ne fut point particulier aux peuples qui occupèrent antérieurement notre pays. Constamment en chasse dans les bois pour trouver leur nourriture, les Francs ne se servaient point du fer pour abattre les oiseaux, les lapins ou les chevreuils ; les armes en fer étaient réservées pour la bataille.

Jusqu'ici, il ne m'a pas été possible de m'appuyer sur des documents constatant l'existence de Démuin, par la raison bien simple que les écrits de cette époque sont excessivement rares. C'est en l'année 822 qu'il est fait pour la première fois mention de Démuin dans les statuts d'un abbé de Corbie, saint Adélard, petit-fils de Charles Martel. Démuin est alors désigné sous le nom de *Domus Audoëni,* — maison de Ouën. [1]

Il ne faut donc point chercher d'autre étymologie, et l'auteur de l'*Étude sur l'étymologie de nombreuses localités situées principalement dans l'an-*

---

1. Saint Ouën, né à Sancy, près de Soissons, vers 609, mourut archevêque de Rouen en 686. Il avait d'abord vécu à la cour de Clotaire II et à celle de Dagobert, où il se lia avec saint Eloi, qui devint évêque de Noyon la même année que saint Ouën fut placé sur le siège épiscopal de la capitale de la Neustrie. Après sa mort, arrivée à Clichy, le corps de saint Ouën fut transporté à Rouen et inhumé dans l'église placée depuis sous le vocable de cet archevêque ; il y resta en toute sécurité pendant deux cents ans environ.

cienne Picardie [1] s'est égaré dans ses conjectures en écrivant : « Démuin, autrefois Domuin et Damuin, signifie *Dominium*, le domaine, et cependant il pourrait être aussi bien la contraction de *domnio,* maison fortifiée, une ferté, et aurait pour racine *dunum,* donjon. »

1. Amiens, Delattre-Lenoël, 1880, in-4°, p. 33.

§ V. — ÉPOQUE FÉODALE.

Invasions normandes. — Aspect des habitations rurales. — Costume des paysans. — Mobilier. — Instruction populaire.

—

Au neuvième siècle, les Normands, hommes venus du Nord, ravagèrent notre patrie à différentes reprises. Montés sur de frêles barques, ils arrivaient par mer à l'embouchure des fleuves dont ils remontaient le cours pour se répandre à l'intérieur des terres. Ces terribles pirates pillaient les villes, les villages, les églises et les monastères et violaient les cimetières francs, car ils trouvaient dans les cercueils en pierre des hommes riches les ornements précieux et les bijoux avec lesquels on les avait inhumés.

Les habitants de Rouen, pour sauvegarder les reliques de saint Ouën de la profanation des Normands, les firent transporter à l'abbaye de Saint-Bertin, dans l'Artois. Plusieurs localités de nos contrées doivent vraisemblablement leur nom ou leur patronage au passage des reliques de saint Ouën. [1] Il est permis de croire que c'est à cette circonstance que les habitants de Démuin, après avoir vu passer ces reliques parmi eux, ont dédié leur église à saint Ouën et changé le nom primitif de leur village, qu'ils appelèrent alors *Domus Audoëni.*

1. L'abbé J. Corblet, *Hagiographie du diocèse d'Amiens,* t. IV, p. 553.

Quoi qu'il en soit, Démuin offrait à peu près le même aspect sous la période carlovingienne que sous la période précédente. Le château seul était bâti d'une manière durable. L'église, construite en bois, était couverte en paille. Quant aux maisons, qui s'élevaient autour de la forteresse seigneuriale, ce n'étaient que de chétives chaumières semblables à celles que l'on voit de nos jours dans les villages les plus pauvres et les plus arriérés de quelques-uns de nos départements.

Ces maisons, qui servaient en même temps d'exploitations rurales, étaient construites en torchis, en moellons ou en cailloux grossièrement taillés et maçonnés avec du sable ou de la terre grasse, couvertes avec du chaume, des roseaux, ou même avec de la tourbe, l'emploi de la tuile étant réservé pour les maisons des riches.

Lorsque le manse eut disparu, c'est-à-dire vers le xe ou le xie siècle, pour faire place à la masure, les maisons se rapprochèrent, mais n'en restèrent pas moins séparées encore les unes des autres. L'étendue des plus grandes masures était de quarante mètres sur cinquante. D'autres avaient vingt mètres sur trente, mais le plus grand nombre de ces maisons n'occupaient qu'une surface de neuf mètres carrés.

Autour des principales masures se trouvaient une enceinte et de larges fossés remplis d'eau, ce qui rendait les villages insalubres. Des rues étroites et tortueuses, sans symétrie, augmentaient les moyens de défense.

Construites avec si peu de solidité, ces maisons devaient se renouveler souvent. En outre, les guerres féodales et les guerres contre les Anglais ne laissaient après elles que des ruines et des monceaux de cendres.

Lorsqu'une guerre éclatait, les habitants des campagnes se retiraient avec leurs bestiaux, leurs récoltes et leurs instruments agricoles dans les faubourgs des villes voisines, parce que les villes offraient deux enceintes fortifiées ; dans la première se trouvait la ville proprement dite, et, dans la seconde, le faubourg. Quand le danger était passé, les paysans retournaient dans leurs villages, qui n'offraient plus que ruines et décombres ; ils reconstruisaient alors de nouvelles maisons que les ennemis brûlaient plus tard.

A l'époque des récoltes, les habitants des campagnes se répandaient au loin dans la plaine, dressaient à la hâte quelques huttes grossières qu'ils se tenaient toujours prêts à abandonner en cas d'alerte. L'hiver venu, ils retournaient chercher un abri dans les faubourgs des villes voisines, parce que l'étendue de la forteresse féodale était insuffisante pour contenir toute la population.

En 1419, les habitants de Démuin eurent beaucoup à souffrir pendant le siège du château. Deux ans plus tard, les soldats anglais, qui ravageaient la Picardie, démolirent le château et brûlèrent tout le village ; l'église, qui se trouvait alors au point central, sur la rive droite de la Luce, devint aussi la proie des flammes. Les nombreuses traces d'incendies que l'on découvre journellement dans les chanvrières datent de cette époque.

Depuis l'établissement des Francs dans nos pays, Démuin s'étendit dans cette belle et large plaine que forme la vallée de la Luce. Il n'en était pas de même pour la plus grande partie des villages, que l'on établissait ordinairement sur les hauteurs afin qu'ils pussent présenter quelque défense permettant de résister à l'ennemi en cas d'attaque. Toutefois, après que le château eût été reconstruit à la suite des événements de 1422, quelques maisons s'élevèrent auprès de la forteresse féodale sur la rive gauche de la rivière ; elles se trouvèrent ainsi à l'abri sous les murs et les remparts du château, qu'elles protégeaient du reste elles-mêmes.

Voyons maintenant quel était le costume des habitants de Démuin à cette époque.

C'est chez les paysans, si fortement attachés au

Fig. 6. — Paysan du XIe siècle.

Fig. 7. — Laboureur du XIe siècle.

sol, que l'on rencontre la plus grande fidélité aux traditions des ancêtres aussi bien dans l'esprit que dans le costume comme dans les mœurs. Au Xe et au XIe siècle, on les retrouve coiffant le bardocuculle des Gallo-Romains, por-

Fig. 8. — Charpentier du XIe siècle.

la saie des Vénètes, le chapeau rond des médailles

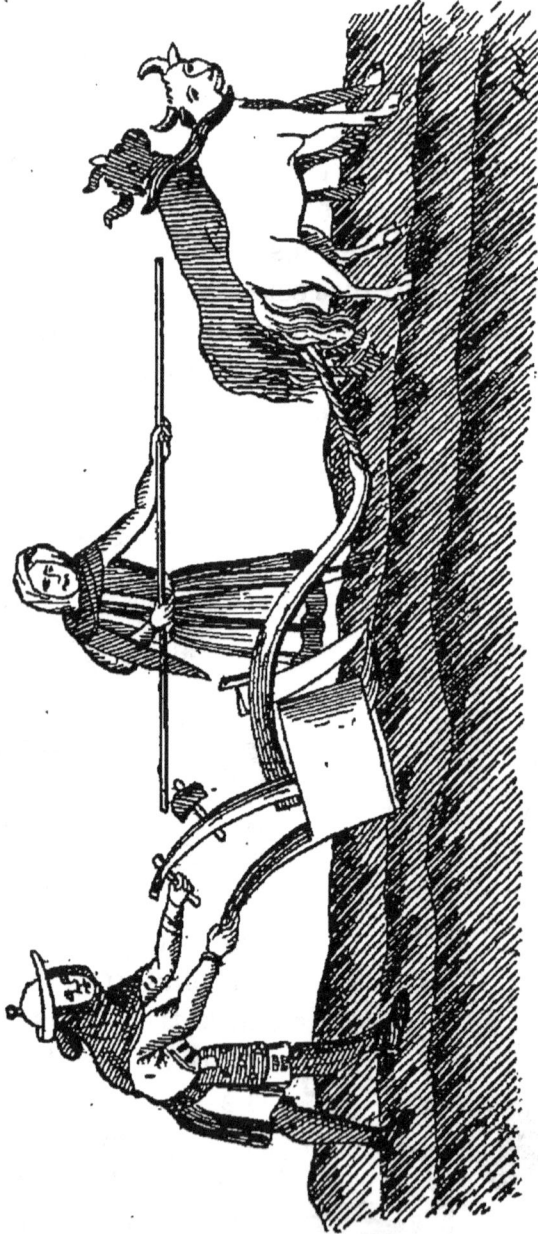

FIG. 9. — Laboureur du XIᵉ siècle.

atrébates, le bonnet phrygien des stèles parisiennes.
Deux cents ans plus tard, les paysans portaient

encore le même costume qu'au ive siècle, c'est-à-dire la saie, la braie, la callige, etc. Les traditions saines du pays se conservaient intactes chez eux, et l'on peut constater encore aujourd'hui en France que, si la foi profonde des aïeux s'effaçait malheureusement dans les hautes classes, on la retrouverait sans aucun doute au fond des campagnes dédaignées. « Il est une race en France, — a dit un écrivain, — qui est, malgré tout, la race antique, la vraie nation. Après les revers, après les écœurements, quand on revient forcément à elle, on la retrouve toujours vivace et saine. Cette race se nomme le Peuple, et l'avenir, quoi qu'on fasse, est à lui quand même. Elle n'a pu se reconnaître encore au milieu des révolutions incessantes qui ont agité la patrie, mais il viendra un jour où la Gaule se retrouvera, et, ce jour-là, comme disait le grand vaincu d'Alise, l'immortel Vercingétorix : « L'univers lui-même, s'il se liguait contre elle, ne pourrait lui résister. » [1]

Toutefois, à la fin du XIIe siècle et dans le cours

FIG. 10. — Ouvrier du XIIe siècle vêtu d'une cotte dont les pans sont relevés avec ceux de la chemise à la ceinture.

FIG. 11. — Laboureur du XIIIe siècle vêtu d'un chainse et d'une tunique écourtée munie d'un capuchon

du siècle suivant, les paysans aisés, qui portaient

1. H. du Cleuziou, *l'Art national*, t. II, p. 466-467.

d'ordinaire la jaquette serrée, liée aux flancs par un ceinturon, savaient faire briller leur élégance sous des vêtements somptueux. Le luxe était sorti des villes, si l'on en croit un chroniqueur de l'époque, Guillaume le Breton.

FIG. 12. — XIIIᵉ siècle ; moissonneur nu jusqu'à la ceinture et vêtu de braies serrées autour de la taille par un bourrelet d'étoffe et attachées par le bas sur les souliers à l'aide de cordons.

Au retour de la bataille de Bouvines, les habitants des campagnes se pressaient sur le passage du roi, et, en célébrant ainsi son triomphe, ils célébraient le leur puisque les milices avaient contribué au gain de la bataille. Il semblait que la distinction des classes s'effaçait dans les habits comme elle s'était effacée par le courage sur le champ de bataille, ainsi qu'on le verra plus loin par un extrait de la chronique de l'historien-poète de Philippe-Auguste.

FIG. 13. — Paysan du XIIIᵉ siècle vêtu d'une jupe, d'un chaperon et de heuses ou chausses.

Pendant le XIVᵉ et le XVᵉ siècle, les paysans adoptèrent la plupart des habits des gentils-hommes. Ils employèrent le linge de corps ; l'usage de la chemise ou chainse était alors très répandu, quoique les miniatures de cette époque fassent voir dans un état complet de nudité les personnes au lit, par la raison toute simple que l'on ôtait ce

FIG. 14. — Maréchal et ouvriers du XIVᵉ siècle. (Manuscrit de la bibliothèque d'Abbeville, nᵒ 16.)

vêtement pour se coucher. Il n'y avait que les plus pauvres qui ne portassent point de chemise.

FIG. 15. — Laboureurs et ménagère du XIVᵉ siècle. (Manuscrit de la bibliothèque d'Abbeville, nᵒ 16.)

D'après l'inventaire d'un paysan de basse Normandie dressé au XIVᵉ siècle (1333), sa garde-robe se composait de huit draps de lit, deux nappes, une serviette, un surcot de brunette fourré et un surcot de drap fourré à usage de femme.[1] Le surcot se

1. L. Delisle, *Actes normands de la chambre des comptes sous Philippe de Valois*, Rouen, 1871, p. 60.

mettait par-dessus la cotte, espèce de longue blouse à manches.

Les principales pièces de vêtement que les paysans portaient alors étaient le chaperon, coiffure en drap bordée de fourrures avec une longue queue retombant par derrière; la jaquette froncée; les souliers à la poulaine, dont l'extrémité, terminée en pointe, était très allongée et se rattachait au genou; les mahoîtres, pourpoint rembourré qui faisait paraître les épaules larges et carrées; enfin la houppelande, espèce de cape ou manteau de berger.

Les habitants des campagnes portaient aussi le jupel, casaque étroite, commune aux deux sexes; la sorquenie, plus tard souquenille, espèce de sarrau en toile que les pâtres surtout mettaient sur

Fig. 16 — Moissonneurs du XIVᵉ siècle. (Manuscrit de la bibliothèque d'Abboville, nᵒ 16.

leurs habits; le lodier ou loudier, qui n'était autre chose qu'une couverture de lit, servait au même usage que le sarrau; la panetière, sac en toile blanche pour mettre le pain, se portait autour du corps en forme de ceinture; les gamaches étaient des guêtres en toile, en cuir ou en feutre. On vit aussi jusqu'au XVIᵉ siècle des paysans avec des chausses plissées autour des jambes, comme les portaient les Gallo-Romains. D'autres faisaient usage, pour le travail, de longues chausses formées

FIG. 17. — Batteur en grange du temps de Louis XI.

FIG. 18. — Paysan de la seconde moitié du XVᵉ siècle vêtu d'une cotte, coiffé d'un capuchon à camail et portant des grèves par-dessus les chausses.

de deux parties dont l'une d'elles se rattachait au genou. Le cuculle bardaïque, qui se portait depuis les Gallo-Romains, et le chaperon en forme de capuce servaient de coiffure pour le travail. La coiffure du dimanche était le chapeau de feutre, la barrette ou le chaperon à pattes.

Les femmes avaient presque en tout temps le tablier blanc; leurs robes, souvent d'une même couleur, étaient de futaine, de serge ou de drap. Elles avaient de longues jupes qu'elles tenaient relevées à l'aide d'un cordon placé sous la ceinture. Quand elles devaient monter à cheval, ce qui arrivait assez fréquemment, elles dénouaient ce cordon et laissaient retomber leur jupe.

FIG. 19. -- Paysanne d'environ 1400.

Antérieurement au xvᵉ siècle, les paysannes portaient surtout le chaperon à cornes dont la queue
retombait jusqu'au jarret; mais, plus tard, cette
coiffure se trouva remplacée par le chaperon en
forme de capeline. Les filles, jusqu'à un âge avancé,

FIG. 20. — Paysanne se rendant
au marché (Règne de Louis XI.)

FIG. 21. — Paysan et paysanne de la fin
du xvᵉ siècle.

allaient nu-tête, n'ayant qu'un seul fil pour retenir
leurs cheveux, qu'elles laissaient retomber par
derrière; elles ne se coiffaient que lorsqu'elles
étaient arrivées à un certain âge.

Le mobilier des cultivateurs aisés du xivᵉ siècle
se trouvait à peu près le même que celui des habitants de la campagne de nos jours. En effet, d'après
un inventaire de 1333, les différentes pièces de
meuble garnissant la maison d'un paysan consistaient en quatre poêles, deux pots de métal, quatre
haches, deux écrins, deux lits de plumes, trois
tables, un petit écrin, un bois de lit, une pelle en
fer, un gril et une lanterne. Les instruments de
culture étaient une charrette ferrée, trois charrettes
légères, une charrue ferrée, deux herses, trois colliers de cheval avec les traits, un boisseau pour

mesurer le grain, un truble, une selle pour charrette, une paire de roues en bois, une faux et deux faucilles. Dans la cave se trouvaient deux tonneaux, deux cuves, un refroidisseur, deux pipes (650 litres), un plomb et deux poulains pour descendre les fûts. En fait de bestiaux, il y avait un cheval, deux poulains, deux truies, cinq veaux, deux vaches, deux génisses, une amouillante, dix brebis, deux agneaux, deux oies, six oiseaux. [1]

Les cultivateurs ayant une certaine aisance se servaient de hanaps, de gobelets et de cuillers d'argent. Les mêmes objets, pour les moins riches, étaient en verre ou en étain.

Les paysans du XIVe siècle faisaient usage de pièces d'argenterie, car un état très prospère régnait en Picardie avant la guerre de Cent ans. Cet état florissant était, du reste, général pour toute la France, s'il faut en croire un érudit qui prétend que la population de notre patrie égalait alors la population actuelle. L'équivalent de l'aisance dont jouissaient les habitants à cette époque n'a été retrouvé, paraît-il, que dans notre siècle. [2] On possède, à cet égard, des preuves nombreuses et concluantes qui ont fait dire à Michelet que l'état florissant où les Anglais trouvèrent la France doit « faire rabattre beaucoup de tout ce que les historiens ont dit contre l'administration royale au XIVe siècle. » [3]

Les Gaulois, avons-nous vu, se servaient de foin pour leurs sièges. Cet usage se conserva en France jusqu'au XVe siècle, au moins dans les lieux publics,

1. L. Delisle, *loc. cit.*
2. S. Luce, *Histoire de Bertrand du Guesclin*, p. 55-56.
3. *Histoire de France*. (Paris, 1852, III, 314.)

dans les collèges, dans les églises, etc. L'hiver, on employait de la paille ; l'été, de l'herbe et des feuilles vertes. Cependant, on voyait des bancs et des escabeaux dans les maisons particulières avant le xvᵉ siècle, mais on n'en étendait pas moins du foin sous la table du festin chez les riches. Plus tard, on y substitua de la paille et du jonc sec.

Ce sont les Bénédictins qui ont défriché l'Europe, qui l'ont civilisée. Ces religieux exerçaient tous les arts mécaniques et surtout le labourage. C'est autour de leurs cellules que le peuple a bâti des maisons qui furent l'origine de plusieurs villes et d'un nombre considérable de villages. Le hameau de Courcelles doit sa fondation à ces religieux, qui y établirent un prieuré.

Il faut reconnaître que l'influence du clergé fut très grande au moyen âge. C'était lui qui avait notamment le monopole de l'instruction, aussi fonda-t-il nombre d'écoles au xiiiᵉ et au xivᵉ siècle. Les conciles avaient recommandé aux curés de s'appliquer avec ardeur à donner l'instruction aux enfants de leurs paroissiens.

« Il est naturel de supposer que cette instruction, au moins rudimentaire, dit un écrivain, devait être facilitée encore par la présence d'une multitude de clercs au milieu des campagnes. En attendant la collation d'un bénéfice, ils restaient parfois longtemps au milieu des paysans ; ils en partageaient la vie et les travaux.

« Mais aucune preuve n'est plus décisive que ces actes relatifs aux écoles qu'on rencontre assez fréquemment, actes qui se rapportent tantôt à leur création, tantôt à des mesures qui en modifient la discipline. On voit, par exemple, que le mode

d'instituer les maîtres ne fut pas toujours le même.
C'est ainsi que les pouvoirs du maître d'école du
Neubourg expiraient au bout de trois ans. Bien que
tout donne lieu de croire que ces instituteurs s'acquittaient à leur honneur des fonctions qui leur
étaient confiées, nulle époque n'a été exempte de
certains scandales qu'attestent les registres de
l'official de Rouen. Ils nous montrent la condam-
nation à la prison et à l'amende, à une époque un
peu ultérieure, il est vrai, en 1438, d'un certain
Mathieu le Helleur, maître d'école du Bourg-Achard,
pour des faits d'immoralité qui sont très clairement
spécifiés.

« Tout témoigne assurément de grandes et déli-
cates vertus dans ces siècles du moyen âge ; il serait
injuste de vouloir, de parti pris, contester ce qu'il y
eut de pureté comme de charité dans une foule
d'âmes religieuses ; mais, non plus dans les campagnes que dans les villes, on ne doit accepter de
confiance des peintures trop flattées. » [1]

1. H. Baudrillart, *La Normandie*. (Paris, 1880, 20-21.)

§ VI. — Fin du moyen age

Condition morale et matérielle des paysans d'après les œuvres
des trouvères. — Habitations. — Ameublement. — Instruments aratoires. — Costume. — Fêtes et divertissements. —
Alimentation. — Veillées. — Jongleurs et ménestrels.

———

Les charmantes compositions des trouvères, qui
ont égayé les populations des villes et des campagnes durant tant de générations, sont aujour-
d'hui de précieux éléments d'information pour
l'étude des mœurs intimes, des croyances et des
usages des différentes classes de la société au
moyen âge.

Ces petits poèmes, simples et francs, allant droit
au but, étaient facilement retenus par les auditeurs,
petits et grands, qui les répétaient sans cesse.
Comme la langue était la même à la ville qu'à la
campagne, et que les sujets étaient à la portée de
tous, ces compositions se trouvaient aussi bien dans
la bouche du vilain et de la bergère que dans celle
du seigneur et de la châtelaine.

C'est à la France du Nord qu'appartiennent les
fabliaux. Les trouvères, plus positifs que les troubadours, peignaient avec un réalisme brutal le
portrait de leurs contemporains, qu'ils fussent
nobles, clercs ou bourgeois.

Dans chacune de ces pièces, on remarque l'esprit
gaulois, railleur et mordant que possédaient à un
haut degré les conteurs des xiie et xiiie siècles; leur
verve cynique s'y donne libre carrière. Dans leurs

écrits satiriques, rien n'est respecté, et c'est surtout à la femme qu'ils s'attaquent le plus souvent.

Les fabliaux ont dû toute leur popularité à l'esprit d'observation dont ils portent la marque profonde; les contemporains y retrouvaient le miroir du monde, *speculum mundi;* ils applaudissaient au portrait de telle ou telle de leur connaissance. C'est ce qui a fait dire avec infiniment de raison à Legrand d'Aussy : « Opinions, préjugés, superstitions, coutumes, ton de conversation, manière de faire l'amour, tout se trouve là, et beaucoup de choses ne se trouvent que là. » [1] Et le même auteur ajoute fort justement que la lecture des fabliaux fait mieux connaître l'état de la société que toutes les histoires modernes.

De son côté, Roquefort a dit du fabliau : « Ce genre de poésie peignait les actions ordinaires de la vie et les mœurs générales; c'est un miroir fidèle et véritable de l'histoire civile et privée des Français. » [2]

Au moyen âge, la population agricole se composait de trois grandes classes : les serfs, les mainmortables et les tenanciers libres. La seconde classe était la plus importante dans les campagnes. Quant aux tenanciers libres ou *vilains,* leur nombre s'était accru pendant les temps féodaux et surtout après la révolution communale, qui avait imprimé à l'esprit public une direction irrésistible en faveur de la liberté individuelle. Les vilains avaient la pleine et

---

1. *Fabliaux ou contes* (Paris, Renouard, 1829, in-8°) t. Iᵉʳ, p. 49.

2. *De l'état de la poésie française au* xiiᵉ *et au* xiiiᵉ *siècle,* p. 188.

entière disposition de leurs biens, ce qui les distinguait des mainmortables.

La condition des vilains différait peu de celle des bourgeois des villes. Les uns et les autres, désignés sous le nom de roturiers, étaient régis par les mêmes règles de droit civil, et l'on sait que ces règles n'étaient pas les mêmes que celles qui avaient été faites pour les nobles.

Les concessions avantageuses que faisaient les seigneurs aux étrangers qui venaient résider sur leurs terres contribuèrent puissamment au développement de la classe des vilains au XI° et au XII° siècle.

A l'origine, le mot vilain était employé pour désigner les habitants de la campagne, les paysans, les laboureurs, les fermiers, les propriétaires de terres aux champs. Plus tard, cette désignation prit un sens plus large, et, au XIII° siècle, on l'appliqua par extension aux hommes de condition servile, aux artisans, aux marchands, en un mot, à tous les roturiers, c'est-à-dire à ceux qui n'étaient point nobles d'état ou de mœurs. Enfin, par une extension nouvelle, on donna ce nom à tous ceux qui étaient laids, difformes, poltrons, lâches.

Comme on le sait, ce mot de vilain dérive du latin *villa* (métairie), d'où l'on a fait *villanus*. Les terres que cultivaient les vilains étaient dites *tenues en villenage;* ils ne pouvaient les aliéner ou les laisser à leurs descendants ou à leurs ascendants sans payer au seigneur un droit de mutation onéreux; enfin, ils étaient astreints envers le suzerain à diverses corvées connues sous le nom de coutumes.

La classe des vilains, qui ne comptait point encore

alors dans le tiers état, devait faire trois parts des produits qu'elle tirait du sol : la première était due au seigneur suzerain, la seconde au maître de la terre, et la troisième, souvent la plus petite, restait au vilain.

Le grand mouvement communal des XIe et XIIe siècles ne favorisa que les villes, mais très peu de villages. Aussi, « la condition des paysans resta toujours misérable. La dîme leur enlevait une partie de leurs récoltes; la corvée les arrachait à leurs travaux pour réparer les murs du château, creuser les fossés, battre l'étang, etc. Le colombier du seigneur vivait aux dépens des champs du paysan; la garenne féodale les dévastait; la chasse ne respectait pas ses moissons. Que d'autres se repaissent de ces idées plus poétiques que réelles de la bonté patriarcale du grand propriétaire féodal, de sa familiarité avec ses vassaux, de cette autorité toute paternelle qui compatissait aux souffrances dont elle était sans cesse témoin. Si la féodalité s'est quelquefois présentée sous cet aspect de gouvernement patriarcal, c'est une honorable exception... L'habitude de la guerre et du commandement, l'idée de la supériorité des familles nobles sur les classes qu'elles croyaient inférieures de cœur comme d'origine, inspiraient au seigneur féodal le mépris du serf et du vilain. Ils étaient, à ses yeux, taillables et corvéables à merci et miséricorde. » [1]

« Les vilains, dit Ph. le Bas, étaient justiciables de leurs seigneurs, et on les admettait à prouver la

1. Chéruel, *Dictionnaire historique des institutions, mœurs et coutumes de la France*, (II, p. 961).

bonté de leur cause par le duel, non seulement les uns contre les autres, mais encore contre les hommes de noble race. Les *Établissements de saint Louis* avaient prévu le cas où ils pourraient faire ou recevoir des appels, régler les conditions du combat et les conséquences de la défaite.

« Si le vilain appelait un gentilhomme, il devait combattre à pied, avec les armes de sa condition, et le gentilhomme pouvait le faire à cheval et avec les armes de la sienne; ce qui, comme on le pense bien, rendait ces sortes d'appels fort rares. Quand un homme de pôte faisait appel à un homme de sa condition, les deux adversaires combattaient armés chacun d'un bâton. On voulait bien qu'ils se fissent des contusions, des meurtrissures, mais on ne voulait pas qu'ils s'entre-tuassent, parce que la mort de l'un d'eux eût causé préjudice et perte au maître auquel il appartenait. L'avarice, à défaut d'humanité, protégeait alors la vie de l'homme du peuple. » [1]

Dans le fabliau du *Sacristain*, [2] on voit en effet que les vilains se battaient en champ clos avec un bâton.

Cette coutume se transmit aux siècles suivants, comme le rapporte Montesquieu. Lorsqu'une difficulté avait surgi entre deux vilains, dit-il, ils se battaient à pied et avec un bâton. « De là, il suivit que le bâton était l'instrument des outrages parce qu'un homme qui en avait été battu avait été traité comme un vilain. » [3]

---

1. *Dictionnaire encyclopédique de la France*, t. XII, p. 899.
2. Legrand d'Aussy, *loc. cit.*, IV, p. 285.
3. *Esprit des lois*, liv. XXVIII, ch. XX.

Les différences de caractères des paysans du
XIIIe siècle nous ont été conservées dans l'œuvre
de l'un de leurs contemporains, *les Vingt-trois
manières de Vilains*. [1] Comme son titre l'indique,
cette petite pièce en prose donne une liste de
vingt-trois caractères ayant chacun un nom particulier ; mais, si l'auteur stigmatise les vices de ces
hommes, en retour, il nous laisse apercevoir leurs
qualités, leur finesse d'esprit et leur gros bon
sens.

La plupart des trouvères commençaient ou finis-
saient par un proverbe leurs contes ou leurs
fabliaux. Cet exemple paraît leur avoir été donné
par Marie de France et par les auteurs du roman
du *Renart* et du roman de la *Rose*. L'auteur de
Bauduin de Sebourc terminait par un proverbe
chacune des strophes de son poème. Les chroni-
queurs de la même époque ont aussi adopté cet
usage ; il suffit de parcourir la *Chronique de Rains*
et la *Chronique métrique*.

Le bon sens des vilains se remarque dans les
sentences qui sont encore très répandues aujour-
d'hui. Dans un recueil portant pour titre, *Proverbes
ruraux et vulgaux,* on trouve environ six cents
proverbes empruntés aux laboureurs et aux paysans
du XIIIe siècle. Un grand nombre de ces sentences
se sont transmises jusqu'à nous à travers tous les
changements sociaux, et leur rédaction s'est même
conservée presque intacte. Voici quelques-uns de
ces proverbes.

---

1. Publié par Fr. Michel. (Paris, 1833). In-8°. — Autre
édition, publiée par A. Jubinal. (Paris 1834). In-8°, 32 p.

Mieux vaut un liens que deux tu l'auras. — Ki donne tost, il donne deux fois. — Ki bien aime à tart oublie. — Ki premiers prent ne s'en repent. — Ki plus a plus convoite. — Il fait mal éveiller kien qui dort. — Ki petit a petit perd. — D'autrui cuir large courroie. — Besoin fait vieille troter.

Les *Proverbes aux Vilains*, manuscrit du XIII siècle, contiennent sur les hommes du peuple un certain nombre d'adages sanglants :

> Oignez vilain, il vous poindra ;
> Poignez vilain, il vous oindra.

> Vilain affamé, demi enragé.

> Vilain enrichi ne connoît point d'amis.

Il ne faut pas oublier que les trouvères voulaient avant tout flatter les seigneurs, qui les faisaient vivre ; voilà pourquoi ces conteurs se sont si souvent montrés cruels et injustes envers ceux de leur classe.

L'un d'eux, Rutebeuf, dit dans son fabliau du *Pet au vilain* que les paysans ne pouvaient prétendre entrer dans le paradis et qu'ils avaient été chassés de l'enfer ; or, comme le purgatoire était alors inconnu, c'est dans les marais où coassent les grenouilles que le trouvère envoie les vilains après leur mort :

> Rutebuef ne se set entremetre
> Où l'en puisse ame à vilain metre,
> Qu'èle a failli à ces deus raignes
> Or voist chanter avec les raines.

L'endroit ne pouvait être mieux choisi pour une âme

> Qui de vilain sera issue.

Les sermonnaires du moyen âge ne manquaient jamais de mettre en honneur l'agriculture, qu'ils considéraient comme la mère nourrice des peuples, « sans laquelle la société ne pourrait subsister. » Mais il fallait aux laboureurs et aux paysans un courage et une énergie que l'on ne trouve en effet que chez eux pour se livrer aux rudes travaux des champs et souffrir en outre les excès des seigneurs et des hommes d'armes.

D'après un conteur de cette époque, Dieu partagea le monde entre les chevaliers, qui eurent les terres, les clercs, qui reçurent les dîmes, et les vilains ou « laboranz », qui devaient travailler toute leur vie pour nourrir les nobles et le clergé. [1]

Au XIII° siècle, comme de nos jours, le paysan ambitionnait pour son fils une condition moins malheureuse que la sienne. Pour en faire un clerc, il économisait sou à sou, dit Rutebeuf, tout ce qui peut se récolter

> En un arpant ou deux de terre,
> Por pris et por honeur conquerre
> Baillera trestout à son fils.

Les habitants des campagnes étaient-ils réellement aux prises avec la misère noire sur laquelle certains auteurs se sont étendus complaisamment? Si l'on en croit Guillaume le Breton, le luxe était sorti de son temps de l'enceinte des villes pour se répandre dans les campagnes. « Chevalier, citoyen, habitant des champs, dit-il, tous brillent sous l'écarlate; nul ne porte que des vêtements de soie, de lin très fin ou de pourpre. Le paysan, tout

---

1. Voyez le fabliau *des Catins et des Ménétriers* (Legrand d'Aussy, II, p. 357.)

resplendissant sous les ornements impériaux, s'étonne de lui-même et ose se comparer aux rois souverains. L'habit change tellement son cœur, qu'il pense que l'homme lui-même est changé, ainsi que le vêtement qui lui est étranger. Et ce n'est pas même assez pour chacun de paraître avec autant d'éclat que ses compagnons, si chacun ne cherche encore à se distinguer de beaucoup d'autres par quelque ornement. Ainsi, tous se disputent à l'envi, cherchant à se dépasser l'un l'autre par la richesse de leurs vêtements. » [1]

En un autre endroit, le même poète avait raconté [2] qu'après la campagne du roi de France contre les Poitevins, des hommes d'armes sortirent d'un château chargés de toutes sortes d'effets et de riches dépouilles, tels que calices d'or, vases d'argent, brillants vêtements des nobles, ornements pour la poitrine teints en écarlate et recouverts d'étoffe de soie, de tentes tissues en fil de diverses couleurs, etc.

La confection des effets d'habillement, des étoffes, des chaussures, du linge avait atteint alors une grande activité que des relations commerciales s'étendant très loin ne faisaient que développer. En effet, Guillaume le Breton cite des « vêtements travaillés par les Chinois avec beaucoup d'art, que le marchand transporte chez nous de ces contrées lointaines, cherchant, dans son avidité, à multiplier ses petits profits sur quelque objet que ce soit. » [3]

Ce luxe dans les habits était-il si généralement répandu que le prétend le poète qui vient d'être

1. *La Philippide*, collect. Guizot, t. XII, p. 360-361.
2. Ibid., p. 297.
3. Ibid., p. 251.

cité? Il est permis d'en douter, car, pour quelques personnages richement habillés que nous font voir les miniatures des manuscrits, combien ne nous montrent-elles pas de roturiers couverts d'habits plus éclatants de couleur que de richesse.

C'est aussi par les miniatures des manuscrits que l'on a la preuve du dénuement de l'ameublement. Le parquet des maisons et même des palais était couvert de paille, et l'on voit des appartements seigneuriaux contenir seulement un coffre, un banc et une cage.

Tout le luxe des gens riches consistait dans la beauté des chevaux, la splendeur dans les habits, la vaisselle de table et la somptuosité des repas. A propos du service de table, on voit dans une charte du 24 juillet 1295 que Barthélemy, abbé de Saint-Père de Chartres, se réserve pour son service personnel, après avoir résigné sa charge d'abbé, vingt-quatre écuelles ou assiettes d'argent (douze grandes et douze petites), six gobelets à pied et six sans pied, six madres ou verres de cristal, six *annizei* à pied et six sans pied et douze cuillers d'argent. [1]

L'Église, qui avait déclaré depuis longtemps la guerre à la vanité, ne cessa de reprocher aux seigneurs de dépouiller leurs malheureux sujets afin de pouvoir paraître avec plus d'éclat dans les tournois et dans les fêtes.

Comme on le sait, la difficulté des communications était fort grande au moyen âge. Les paysans surtout voyageaient très peu. Attachés au sol qui les avait vus naître, ils vivaient ainsi dans l'ignorance la

---

1. *Cartulaire de l'abbaye de Saint-Père de Chartres*, publ. par M. Guérard, t. II, p. 727.

plus complète. En certains pays, il arrivait que les habitants ne savaient même pas l'oraison dominicale et ignoraient le jour où tombaient les fêtes principales.

Un auteur contemporain nous a conservé l'anecdote suivante. Un vieillard, nommé Gosselin, était le seul habitant de son village qui connût les jours de fêtes ; aussi, dès que ses compatriotes le voyaient sortir avec ses chausses rouges, ils se disaient : « C'est fête aujourd'hui : il faut chômer. »

Rien ne servit tant à entretenir les idées superstitieuses des paysans que l'ignorance dans laquelle ils vivaient. Malgré les efforts continuels du clergé, les vieilles pratiques païennes se perpétuaient d'une façon désespérante au sein des populations campagnardes.

Une épidémie s'étant déclarée dans un village, les habitants accusèrent leur curé d'avoir jeté un sort sur eux. Pour faire cesser la contagion, ils choisirent le moment où le prêtre récitait les dernières prières des morts pour le faire tomber dans la fosse ouverte à ses pieds.

Les pèlerinages étaient alors très fréquents, et les idées superstitieuses se manifestaient fort souvent dans ces actes de dévotion. On rapporte que, dans le diocèse de Lyon, un grand nombre de femmes allèrent s'accuser à Étienne de Bourbon d'avoir porté leurs enfants à saint Guinefort. Le pieux missionnaire ne connaissait nullement ce lieu de pèlerinage ; il interrogea quelques personnes éclairées et apprit. que c'était le tombeau d'un lévrier tué injustement par son maître. [1]

1. Lecoy de la Marche, *La chaire française au moyen âge*, p. 394.

Si le haut clergé formait alors un corps respectable et instruit, il n'en était pas de même du clergé des campagnes. La plupart des curés de villages étaient ignorants, comme on le voit par le fabliau du *Prêtre qui dit la Passion*. [1]

Au moyen âge, les jours chômés étaient fort nombreux. Mais « moult miaus vendroit à l'ome et à la femme qu'il feissent lor bessoigne d'ovrer » que de se reposer comme certaines gens, qui, « aus bones festes et aus diemenches... s'asanblent aux places et aux rues, si deparolent lor voisins, et les vis et les mors, si vont es tavernes et boivent à outraige ; et puis si vont es mesons de lor privez, si font tex choses qui ne sunt beles ne convenables à nommer. » Les uns, quand ils ont bien bu et bien mangé, célèbrent les saints jours en se livrant au plaisir et à la danse ; les autres, songeant que c'est leur travail qui leur a donné ce qu'ils viennent de consommer, se remettent à l'ouvrage, et, au lieu de lever les yeux vers la croix de Jésus-Christ, ils remercient la *croix d'argent*. » [2]

En effet, comme à toutes les époques, « les adorateurs de la croix d'argent » jouissaient au moyen âge de la plus haute considération. On rapporte qu'un jeune loqueteux, surnommé le *galeux* à cause de sa misère, ayant gagné quelque argent par des moyens plus ou moins avouables s'habilla alors proprement et se fit appeler *Martin Galeux ;* ses affaires continuant de prospérer, on le nomma *seigneur Martin* et enfin *monseigneur Martin*, lorsqu'il eut amassé une immense fortune.

1. *Nouveau recueil de fabliaux et contes inédits,* publ. par Méon. Paris, 1823, t. II, p. 442-444.

2. Lecoy de la Marche, *loc. cit.,* p. 337.

Fig. 22. — Danse villageoise du XIVe siècle. (Bibliothèque d'Abbeville, ms. nº 16.)

Nous venons de voir que les vilains se récréaient souvent, et que l'un de leurs principaux divertissements était la danse ; cependant les prédicateurs ne cessaient de tonner contre cet amusement en reprochant à ceux qui s'y livraient de pécher contre les sept sacrements.

Telle qu'elle était alors pratiquée, la danse cons- tituait un divertissement qui nous paraît aujour- d'hui bien innocent, puisqu'elle consistait en de simples rondes formées par une chaîne d'hommes et de femmes qui se donnaient la main ; en outre, ce divertissement, comme tous ceux de nos aïeux, avait lieu dans la journée.

Ce n'était point la danse en elle-même que pour- suivait le clergé, ce sont les chants dont elle était accompagnée qu'il qualifiait de dangereux.

La discorde régnait presque toujours dans les ménages des vilains. Ce n'était à chaque instant que disputes et querelles, qui se terminaient sou- vent par des scènes de pugilat. Sans cesse, la femme émettait une opinion contraire à celle qu'exprimait le mari. Aussi les trouvères et les prédicateurs ne manquaient point de raconter les anecdotes plaisantes qu'ils avaient recueillies sur les unions mal assorties.

Je rapporterai quelques-unes de ces anecdotes les plus répandues.

Un ménage avait invité un certain nombre de parents et d'amis à un repas. Vu la bonne saison, la table du festin fut placée dans le jardin. Plus le mari pressait sa femme de s'approcher de la table, plus elle s'en éloignait ; elle recula tant qu'elle tomba à la renverse dans une rivière.

Un mari et sa femme cheminant ensemble aper- çurent un lièvre.

« Quel beau lièvre ! s'écria l'homme. Je m'en

régalerais bien s'il était frit avec du saindoux et des oignons.

— Il serait bien meilleur avec du poivre, dit la femme.

— Non pas.

— Mais si.

— Mais non. »

Bref, à force de disputer sur la manière d'accommoder un lièvre qu'ils n'avaient pas, ils en arrivèrent aux coups.

Sur la ruse et la méchanceté des femmes, on racontait que le diable avait essayé en vain durant trente années de brouiller des époux tendrement unis, et qu'une vieille blanchisseuse en était venue à bout en très peu de temps.

On racontait aussi que, pendant une tempête, les matelots avaient décidé de jeter à la mer tout ce qui surchargeait le bateau. « Commencez par ma femme, dit un mari ; elle est d'un poids insupportable. »

Les sermonnaires rappelaient souvent une anecdote que Marie de France a mise en vers sous le titre : *la Contralieuse*. Le mari prétendait qu'un pré était fauché ; la femme disait qu'il était tondu et n'en voulut point démordre ; sa langue arrachée, elle imita avec ses doigts le mouvement des ciseaux.

D'après un autre fabliau, un mari appelé pouilleux par sa femme, la descendit dans un puits à l'aide d'une corde qu'il lui avait passée sous les aisselles ; il l'enfonça graduellement dans l'eau, mais elle n'en continua pas moins de l'appeler pouilleux ; lorsqu'elle eut de l'eau jusqu'au front, elle éleva les mains au-dessus de la tête et fit avec ses deux pouces le geste de quelqu'un qui écrase des poux.

La femme était alors l'objet de deux théories diamétralemeut opposées. Tandis que la chevalerie professait un culte idéal pour la fille d'Ève, le clergé régulier la faisait responsable de tous les maux qui frappaient l'humanité. Cependant, il faut reléguer au rang des légendes les plus absurdes une histoire qui a cours depuis longtemps sur la prétendue question posée dans un concile de savoir si la femme a une âme. L'Église n'a jamais agité cette question. Ce conte est dû à un incident qui se produisit lors du second concile de Mâcon en 585. Par suite d'une interruption provoquée par un membre de l'assemblée, celle-ci fut appelée à donner incidemment son avis sur un passage de l'Écriture ; les évêques présents eurent à décider si, en parlant de l'homme en général, les textes sacrés entendaient également parler de la femme. [1]

Les fabliaux ont toujours été regardés comme de fidèles peintures des mœurs de tous les rangs de la société du temps. Cependant, il est bon de faire observer qu'une partie de ces contes, — assez faible, il est vrai — a une origine antique ou nous vient de l'Orient ; très peu d'entre eux néanmoins ont été traduits des écrits latins d'une époque antérieure.

Les poésies en langue vulgaire du xiiie siècle surtout fournissent sur la vie privée des paysans des données fort intéressantes, que des documents authentiques de la même époque étudiés par différents érudits n'ont fait que confirmer.

Dans un fabliau de la fin du xiiie siècle portant pour titre : *De l'Oustillement au Villain,* on voit que

---

1. Voy. Labbe, t. V, col. 1853 ; Grég. de Tours, *Hist. franc.,* VIII, 20.

l'habitation des vilains appelée *manse* se composait de trois corps de bâtiments : la maison, le bordel et le buiron ; le premier contenait les grains, le second les foins et le troisième servait de demeure aux habitants.

Les différents bâtiments constituant le manse étaient pour ainsi dire jetés sans symétrie aucune au milieu d'un espace plus ou moins vaste ; ils étaient construits en torchis et couverts en chaume.

Pénétrons dans le buiron et voyons en quoi consistait l'ameublement. A la cheminée, très large, était accrochée une crémaillère en fer ; on y voyait aussi un trépied, une pelle et de gros chenêts ; en avant du feu, la ménagère avait placé une marmite « où la porée grouce », suivant l'expression de l'auteur du fabliau ; près de là se trouvait le croc destiné à en retirer la viande sans risquer de se brûler.

La cheminée servait à deux fins : pour la cuisine et pour le four, dont l'ouverture se trouvait en effet soit à gauche soit à droite du foyer.

Près de la cheminée se voyait un lit de proportions qui nous paraîtraient aujourd'hui fort exagérées ; le vilain et sa femme, dont l'hospitalité n'avait point de bornes, s'empressaient, le cas échéant, d'y donner place à l'étranger que la nuit surprenait.

L'ameublement de cette unique pièce était complété par une huche, un banc, une table, une cruche, un casier à fromages et quelques paniers ; on y voyait encore une échelle, une doloire, un ciseau, une coignée, une vrille, une hache d'acier, des clous, un petit moulin à bras et un mortier.

Comme instruments aratoires, le vilain possédait une charrue, une faucille, une herse, une bêche et

TRAVAIL DES CHAMPS

(Manuscrit de la fin du XV.ᵉ siècle.)

une charrette avec des harnais pour plusieurs chevaux.

Dans une étable se trouvaient quelques vaches laitières.

Toutes les habitations des paysans ne ressemblaient point à la précédente. En général, les vilains, attachés au sol et vendus avec lui, essayaient de vivre dans des cabanes faites en terre et couvertes de paille ; des haies d'épines les mettaient à l'abri de la dent des bêtes de proie, si nombreuses, qui battaient la campagne pendant la nuit. Gautier de Coinsy décrit ainsi les misères du vilain :

> En une povre maisonète
> Close de pieux et de sauciaux,
> Com une viel sous à pourciaux,
> Maint jour avoit pesant et triste ;
> Pou pain souvent et mal giste
> En sa maison close de coif
> Avoit souvent et faim et soif.

Qu'étaient-ce que les routes et les grands chemins dont parlent les trouvères ? Ce n'était plus ces voies larges et droites établies par les ingénieurs romains pour le libre passage des légions de Jules César : la forêt avait repris ses droits depuis longtemps. En effet, dès le XIIIᵉ siècle, il n'y avait plus dans les campagnes que des chemins étroits et tortueux qui se prêtaient admirablement aux surprises et aux coups de mains auxquels les seigneurs avaient alors si souvent recours ; les marchands surtout se voyaient fréquemment arrêter pour payer aux seigneurs un droit de péage.

On conçoit aisément qu'avec de telles voies les moyens de transport étaient souvent fort difficiles et la nuit toujours redoutable ; aussi le voyageur tâchait-il de trouver un gîte avant que le soir ne fût venu. Comme il n'y avait guère d'hôtelleries dans les villages, il frappait à la porte du presbytère ou d'un monastère, car les moines s'étaient engagés dans la charte de fondation de leur couvent à recevoir les voyageurs.

Toutefois, l'hospitalité était largement pratiquée par les vilains, qui accordaient pour le moins une botte de paille dans une étable et partageaient leur maigre souper avec l'étranger que la nuit avait surpris.

Le costume du paysan se composait d'une cotte, serrée à la taille et d'une surcotte, sorte de manteau qu'il jetait sur les épaules ; souvent un chaperon était attaché à cette dernière partie du vêtement ; quelquefois le chaperon était remplacé par un chapeau à larges bords. A une large ceinture de cuir passée sur la cotte étaient attachées une bourse et une gaîne pour le couteau. Le vilain chaussait des souliers ou de longues bottes appelées houseaux et des chausses de laine ou de bure. Il portait des *muffles* ou gants de cuir dans les grands froids ou lorsqu'il travaillait par corvée à la haie d'épines du seigneur.

Les rivalités fréquentes de seigneur à seigneur obligeaient les habitants des campagnes à avoir chez eux tout un attirail de guerre ; comme armes défensives, ils avaient un heaume de fer, un bouclier et une cotte de mailles ; comme armes offensives, ils devaient posséder un arc, des flèches, une lance et une épée.

Je ferai observer que l'ameublement qui se trouve ainsi décrit dans le fabliau *de l'Oustillement au villain* n'appartenait qu'aux plus riches, et que la majorité des paysans ne possédaient qu'un mobilier incomplet et rudimentaire.

Chaque classe de la société avait son costume particulier. Joinville rapporte à ce sujet qu'un jour de Pentecôte il se trouvait à Corbeil avec le roi saint Louis et trois cents chevaliers environ. Après dîner, le roi alla s'asseoir près d'une chapelle ; pendant qu'il causait, maître Robert Sorbon prit Joinville par son manteau et lui dit, en présence du roi et de toute l'assistance :

« Si vous alliez vous asseoir sur cette place, à côté du roi, en prenant sur son banc une place plus élevée que la sienne, ne seriez-vous point à blâmer ?

— Certes, répondit Joinville, je serais blâmable.

— Eh bien ! reprit Robert Sorbon, laissez-vous donc blâmer, puisque vous êtes vêtu plus richement que le roi.

— Je ne suis point, sauf l'honneur du roi et le vôtre, de cet avis, dit Joinville, car l'habit que je porte, tel que vous le voyez, m'a été laissé par mes père et mère, et je ne l'ai point fait faire exprès. C'est vous, au contraire, qui êtes à blâmer, puisque, fils de vilain et de vilaine, vous avez renoncé à l'habit de vos père et mère pour en revêtir un de camelot plus fin que ne l'est celui du roi lui-même. »

Prenant ensuite un pan du surcot de Robert Sorbon et de celui du roi, Joinville les ayant rapprochés demanda s'il disait la vérité. Saint Louis, voyant l'embarras de M° Sorbon, prit sa défense, mais, un instant après, il approuva Joinville d'avoir dit qu'il fallait se vêtir honnêtement pour être plus aimé de sa femme et plus estimé de ses gens, mais que, cependant, chacun devait se vêtir suivant son état « afin que les preudes du

monde ne puissent dire : Vous en faites trop,
n'aussi les jeunes gens : Vous en faites peu. » [1]

Astreints au dur labeur des champs, les paysans,
on le comprend, accueillaient avec joie les jours
de repos, alors fort nombreux ; les fêtes religieuses étaient fréquentes et les fidèles les obser-
vaient rigoureusement. A la sortie des offices, ils
se réunissaient devant le portail de l'église ou sous
les arbres du cimetière et faisaient de longues
causeries ; ils traitaient d'abord les affaires de la
communauté puis s'entretenaient de leurs travaux.
A l'issue des vêpres, ils se livraient à des jeux
divers appropriés à l'âge, aux goûts et aux facultés
de ceux qui y prenaient part.

Avec les fêtes de l'Église, d'autres fêtes, qui
avaient survécu au paganisme, venaient couper la
monotonie de la vie rurale ; la plantation du mai,
les brandons, les baptêmes, les mariages, etc.,
donnaient toujours lieu à des divertissements ;
pendant qu'ils s'y livraient, les paysans oubliaient
leurs misères quotidiennes. Toutes ces réunions
entretenaient chez les gens de la campagne un
esprit de solidarité que l'on ne retrouve plus
aujourd'hui chez leurs descendants.

Les vilains se récréaient encore en d'autres occa-
sions qu'à ces fêtes religieuses et profanes. Quand
l'un deux tuait un porc — dont la viande était aussi
bien recherchée par les grands seigneurs que par
les gens du peuple, — il invitait ses parents, ses
amis et ses voisins au *repas baconique*, [2] — du mot

1. *Histoire de saint Louis.* (Paris, 1668, in-fol., p. 7-9.)
2. La coutume de donner un repas à cette occasion s'est per-
pétuée jusqu'à ce jour notamment dans les villages de la Picardie,
où ce repas s'appelle *tripée*, mais cet usage tend à disparaître.
Dans le fabliau de *Haimet et de Barat*, on voit que les vilains
tuaient leur porc pour Noël ; il en est encore de même aujourd'hui.

bacon, qui veut dire porc. A ce festin pantagrué-
lique, d'une durée interminable, les paysans faisaient montre d'un robuste appétit, qu'ils étaient du
reste en droit d'avoir par suite de leur jeûne forcé
de chaque jour.

Les noces donnaient lieu aux réunions les plus
nombreuses ; dans les petites localités, presque
tout le village y assistait, le curé en tête, et souvent même le seigneur.

Vers la fin du repas, les jeunes gens allaient
rejoindre les invités et chantaient de ces couplets
quelque peu gaillards que les assistants applaudissaient avec frénésie. Pour les récompenser de
l'amusement qu'ils fournissaient à ses convives, le
nouvel époux régalait les chanteurs, et ce régal,
nommé suivant les pays, droit de ban, de cullage,
de coulage, etc., consistait soit en un repas soit en
boissons.

Dans ces repas, on faisait asseoir les convives
sur des bancs, d'où est venu le mot *banquet;* les
grands seigneurs et les princes eux-mêmes n'avaient
point d'autres sièges chez eux.

En hiver, les salles de festin, de même que les églises
et les appartements particuliers, étaient jonchées de
paille pour les tenir plus chaudement ; en été, on les
jonchait d'herbe ou de feuilles vertes pour obtenir
de la fraîcheur, et l'on garnissait les murs et les
cheminées de rameaux de verdure. « Le comte de
Foix, dit Froissart, entra dans sa chambre, qu'il
trouva toute jonchée et pleine de verdure fresche et
nouvelle, et les parois d'environ toutes couvertes dè
rameaux tous verts pour y faire plus frais et
odorant, car le temps et l'air du dehors estoit
merveilleusement chaud. »

La nourriture ordinaire de la plus grande partie
des vilains, avons-nous vu, était insuffisante ; dans
le fabliau le *Vilain Mire,* personnage riche, mais
avare, l'auteur nous dit en quoi consistait son dîner ;
il n'avait ni saumon ni perdrix, mais pain, vin, œufs
frits et fromage en abondance. Tous les médecins
de campagne de nos jours ne se contenteraient pas
d'un ordinaire si frugal.

Pour dîner, un paysan avait des pois et des fèves
que sa femme avait fait cuire avec un morceau de
lard ; mais le ménage n'était point riche et n'avait
pas de cuiller ; le vilain s'en tira facilement en en
faisant une avec une croûte de pain, qu'il mangea
eu dernier lieu ; il la trouva même excellente, car
elle avait pris tout le jus et le meilleur du plat. [1]

Au XIIe et au XIIIe siècle, on se lavait les mains
avant de se mettre à table, comme nous le font
connaître les fabliaux du *Prêtre et de la dame, du
Chevalier qui faisait parler les c...,* etc. Après le
dernier service des viandes, la nappe était enlevée
et les convives se lavaient une seconde fois les
mains. C'est alors que commençaient les divertissements et que l'on introduisait les ménestrels et les
jongleurs, qui venaient chanter et jouer leurs farces,
ainsi qu'on le constate dans différents fabliaux,
entre autres dans le *Vilain au Buffet.* Quand les
divertissements avaient pris fin, on servait les
fruits.

Pendant les longues soirées d'hiver, les habitants
de la campagne de tout âge et de tout sexe se réunissaient en grand nombre soit chez quelques-uns
d'entre eux, soit dans des caves, soit dans des sou-

1. De la Rue, *Essai sur les Bardes...,* III, p. 277.

terrains ; il y avait ainsi économie d'huile et de chauffage. Tandis que les hommes réparaient leurs outils et leurs instruments aratoires, les femmes et les filles dévidaient leurs quenouilles.

Ces réunions, appelées *veillées,* devenues très rares aujourd'hui, se sont cependant perpétuées jusqu'à une époque très rapprochée de la nôtre. Parmi les assistants, il s'en trouvait souvent plusieurs dont la franche gaieté et la verve intarissable égayaient tout l'auditoire. Si l'on se transporte par la pensée au milieu de l'une de ces réunions qui se tenaient il y a six siècles, on ne sera pas surpris d'entendre le principal orateur raconter le fabliau du dernier ménestrel qui venait de passer. C'est ainsi que se sont transmis presque sous la même forme la plupart des pièces dues aux trouvères du XIIIᵉ siècle.

Un mot maintenant sur les auteurs des fabliaux dont il vient d'être question.

Les trouvères abondaient de toutes parts, comme on le voit par le début du fabliau le *Cuvier :*

> Chascuns se veut mès entremettre
> De biaus contes en rimes mettre. [1]

Ces poètes jouissaient d'une considération bien supérieure à celle des jongleurs. Dans son *Dit des trois vertus,* Watriquet rapporte que les trouvères recevaient de belles robes et des présents honorables de ceux qu'ils avaient amusés, tandis qu'aux jongleurs on donnait de l'argent. [2]

Philippe-Auguste s'entourait volontiers de chan-

---

1. Barbazan, t. III, p. 91.
2. De la Rue, *Essai sur les Bardes...,* t. III, p. 244.

teurs et de trouvères, qu'il admettait dans son inti-
mité. On rapporte que l'un d'eux demanda un jour
un secours au roi en faisant valoir la parenté qui
existait entre eux.

« De quel côté et à quel degré es-tu mon parent ?
fit le souverain.

— Nous sommes frères du côté d'Adam, répliqua
le solliciteur avec aplomb ; seulement, l'héritage a
été mal partagé entre nous. »

Philippe le remit au lendemain, et alors, en présence de toute sa cour, il donna une obole au poète
en disant :

« Je te rends la portion légitime que réclame ta
parenté, car, lorsque j'aurai payé l'équivalent à tous
mes frères et semblables, il ne m'en restera pas
même autant. »

Les chansons, qu'avaient d'abord perfectionnées
les troubadours, furent ensuite cultivées par les
trouvères, qui composèrent des jeux-partis, des
rotruenges, des serventois et des pastourelles.

Il était d'usage de chanter à la fin du repas, et on
obligeait alors les convives à dire chacun leur conte,
ainsi qu'on en a la preuve par plusieurs fabliaux ;
il arrivait même que si l'un des convives refusait
de satisfaire à l'usage c'était lui qui devait com-
mencer. [1] C'était alors le temps de la franche
gaieté, et l'on n'aurait point pu en dire ce qu'un
poète a dit de notre époque :

On ne rit plus, on sourit aujourd'hui,
Et nos plaisirs sont voisins de l'ennui.

---

1. Roquefort, *De l'état de la poésie française au* xii*e siècle...*,
p. 215.

C'est avec la chanson, qui servit à égayer les festins, que commença la première danse. Rien n'était

Fig. 23. — Ménestrel et danseurs. (Bibliothèque d'Abbeville, ms. du XIVe siècle.)

plus commun au XIIe siècle que les chansons éro-
tiques, disent les auteurs de l'*Histoire littéraire de
la France*, [1] qui nous apprennent que le goût de
gaieté frivole était si général qu'en Normandie — où
prirent naissance les premières chansons vulgaires,
— les femmes chantaient des pièces badines pendant que le clergé reprenait haleine dans les longues
processions. [2]

Selon les mêmes auteurs, Abélard, au temps de
sa liaison avec Héloïse, composa des chansons
tendres et galantes; elles étaient notées en musique

1. T. VII, préf., p. L.
2. Ibid., p. LI.

et se trouvaient dans la bouche de tout le monde. [1]

C'est au XIIe et au XIIIe siècle que se formèrent des troupes nombreuses de ménétriers et de jongleurs, qui couraient de château en château, jouaient des instruments et chantaient ou récitaient des romans et des contes. La ménestraudie formait une corporation sérieuse qui avait pour patron saint Julien.

Fig. 24. — Ménestrel et jongleur.
(Bibliothèque d'Abbeville, ms. du XIVe siècle.)

Les jongleurs voyageaient à cheval, la vielle suspendue à l'arçon de la selle. Ils portaient des habits bariolés ; à leur ceinture pendait une bourse appelée *malette,* dans laquelle ils déposaient l'argent qu'ils avaient reçu de ceux que leurs romans ou leurs chansons avaient amusés.

Parmi leurs agréments, les jongleurs comptaient aussi celui de faire ces *chapels de flors* qui, dans les joutes, étaient la récompense des vainqueurs. Ces chapeaux étaient tout simplement des couronnes, que les hommes chastes formaient avec des branches vertes. « Il n'y avait point de cérémonie d'éclat,

1. Ibid., p. L.

point de noces, point de festin où l'on ne portât un chapel ou chapeau de roses. » [1]

Un Italien, qui a longtemps habité la France, — Brunetto Latini — a écrit à propos du jongleur : « Le rire, le jeu, voilà la vie du jongleur, qui se moque de lui-même, de sa femme, de ses enfants et de tout le monde. » [2]

Les jongleurs apprenaient les vers des trouvères, qu'ils allaient ensuite réciter; quelquefois, ils en ajoutaient de leur crû, mais ils étaient toujours moins bons et plus licencieux. A la suite de toutes les cours, il y avait constamment des jongleurs, et il ne se donnait jamais une belle fête qu'ils n'y fussent appelés.

Les histoires galantes ou guerrières que débitaient les jongleurs ont été l'origine de nos romans.

Quand on eut défendu les *paroles licencieuses* de ces pièces, il y fut suppléé par des *gestes*.

D'après un règlement datant du règne de saint Louis, portant fixation des droits dont étaient frappées les marchandises à leur entrée dans Paris, on voit que tout jongleur qui se présentera aux barrières avec un singe devra, pour pouvoir passer, faire faire quelques cabrioles à son singe devant le péager; de là est venue cette expression : *Payer en monnaie de singe*. Quant au jongleur lui-même, il en était quitte pour un couplet de chanson. [3]

« Le jongleur, dit M. Léon Gautier, est essentiellement nomade : il est toujours sur les chemins, il habite les hôtelleries. Tous les matins il en sort,

---

1. Legrand d'Aussy, *Vie privée des Français*, t. II, p. 245.
2. *Li livres dou trésor*, p. 302.
3. *Le Livre des métiers d'Etienne Boileau*, publié par R. de Lespinasse et F. Bonnardot. Paris, 1879, in-fol., p. 236.

revêtu du costume des gens du peuple. Au treizième
siècle, il a la cotte, le surcot et les chausses, avec le

FIG. 25. — Jongleur du XIVᵉ siècle.
(Bibliothèque d'Abbeville, ms. nº 16.)

FIG. 26. — Ménestrel du XIVᵉ siècle.
(Bibliothèque d'Abbeville, ms. nᵉ 16.)

capuchon tombant sur les épaules; c'est ainsi qu'il
est représenté dans un grand nombre de manuscrits
latins et français. » [1]

Les jongleurs des douzième, treizième et quator-
zième siècles, qui n'étaient autres que des saltim-
banques, ajoute le même auteur, allaient par toutes
les rues, montraient des singes, des chiens savants
et des ours muselés, dansaient sur la tête, jouaient
à la fois du flageolet et du tambour, mettaient en
joie les gens des noces, simulaient des combats

1. *Les épopées françaises.* (Paris, 1865), t. Iᵉʳ, p. 356.

singuliers avec des écus ronds et de gros sabres de bois, faisaient sauter leurs femmes et leurs filles et exécutaient des pantomimes.

Avec une telle diversité de talents, ces hommes étaient sûrs d'être toujours bien accueillis partout; en guise d'applaudissements, les auditeurs faisaient le *signe de la croix* aux plus beaux endroits, ce qui a fait dire à Rutebeuf, le roi des trouvères : *Je fais plus sainier de testes que se je chantasse évangile.*

§ VII. — Période moderne

Importance de Démuin aux trois derniers siècles. — Habitations. — Mobilier. — Divertissements. — Alimentation. — Costumes. — Fabrication des bas de laine au métier. — Instruction populaire.

—

L'importance de Démuin pendant les xvie, xviie et xviiie siècles nous est prouvée par les titres de ces époques que j'ai retrouvés dans les archives des châteaux d'Happeglenne et d'Aubercourt; il y est qualifié de *bourg*. Mais, ce qui atteste encore mieux cette importance au xvie siècle, c'est l'établissement, en 1526, de deux foires annuelles et d'un marché hebdomadaire qu'obtint du roi Lancelot de Bournel, alors seigneur de ce lieu.

On lit dans l'ordonnance royale, datée de Bordeaux du mois d'avril 1526, que Démuin avait été pillé puis détruit pendant les guerres livrées antérieurement. C'est pour cette raison que M. de Bournel adressa une requête à François Ier, dans laquelle il informait le roi que « Démuin était assis et situé en bon et fertile pays, où affluaient plusieurs marchands et autres personnes pour vendre, acheter et échanger des denrées et des marchandises. »

Le roi, voulant donner une marque d'estime à M. de Bournel, pour « les bons et agréables services » qu'il lui avait rendus dans ses armées et « autrement », autorisa l'établissement de deux foires et d'un marché à Démuin. La première foire se tenait tous les ans le jeudi après Pâques, et la seconde, le premier octobre, jour de saint Remi. Le marché fut fixé au mercredi de chaque semaine.

Démuin présentait assurément ces jours-là une animation qu'il n'offre plus aujourd'hui, et ces marchés durent contribuer à en augmenter la population. Mais, en adressant sa requête au roi, Lancelot de Bournel paraît avoir eu surtout pour but d'augmenter ses revenus, car les seigneurs, comme on le verra plus loin, percevaient de nombreux droits sur le transport et l'étalage des denrées et des marchandises.

Ce ne fut qu'à partir de la fin du règne de Henri IV que, comme tous les autres villages, Démuin jouit d'une tranquillité relative. Les maisons furent alors construites avec plus de solidité et se groupèrent mieux. De larges cheminées, dont l'usage avait été jusque là d'un luxe à peu près ignoré, étaient adossées aux murs dans les maisons des laboureurs aisés. Mais, hélas ! les habitations des serfs n'avaient point changé ; c'était toujours de pauvres huttes, grossières et malsaines, sans fenêtres, sans cheminées ; le feu se faisait au milieu de l'unique pièce. Dans ces espèces d'étables vivaient plus des trois quarts des habitants de Démuin.

Bientôt, la Picardie allait être envahie pendant de longues années par une soldatesque qui devait la ruiner entièrement.

Le roi Louis XIII déclara la guerre à l'Espagne en 1635. Aussitôt, les ennemis pénétrèrent en France et se répandirent dans nos pays, portant partout le fer et la flamme. Le vendredi 15 août 1636, ils s'emparèrent de la petite place de Corbie, ce qui jeta la consternation la plus profonde dans tout le royaume : on craignait qu'ils ne marchassent sur Paris.

Louis XIII assembla une armée, et, le 30 septembre suivant, il arrivait au château de Démuin, où il s'installait pour suivre de plus près les opérations de la reprise de Corbie.

Après la guerre, le bien-être et le progrès renaissaient avec la paix. Nos ancêtres se hâtaient alors de reconstruire de nouvelles maisons, sans y consacrer néanmoins de fortes sommes, puisqu'ils ne les occupaient que pendant quelques heures de la nuit ou quand ils étaient malades. Leur temps ne devait-il point se passer dehors ? Le dimanche, jour de repos pour eux, ils assistaient aux offices, aux réunions de la commune, aux adjudications. Au lieu d'employer leurs économies à embellir une maison que les guerres devaient détruire, ils les consacraient à agrandir leurs champs.

Aux deux derniers siècles de la monarchie, la maison du laboureur n'avait donc presque point changé ; elle était construite en terre mêlée avec de la paille hachée ou du foin et couverte en chaume. Cette maison, fort petite, ne se composait que de deux pièces, dont la plus grande, — la cuisine — possédait une large cheminée. A côté se trouvait la chambre à coucher, qui servait en même temps de fournil ; le manque de foyer dans cette dernière pièce la rendait humide.

Les ouvertures étaient petites, étroites, inégales et percées sans symétrie. Quand l'une des façades se trouvait tournée au sud, l'autre façade ne présentait aucune baie ; souvent même, le toit descendait, de ce côté, jusqu'à terre pour que la maison fût moins froide pendant l'hiver.

Le sol de ces habitations était au même niveau, quelquefois plus bas de deux ou trois marches, que celui de la cour et du jardin. Ces maisons, moins froides pendant l'hiver, se trouvaient d'autant plus humides qu'elles n'étaient point pavées ; on marchait sur la terre battue. On se représente aisément les inconvénients de ce pavage primitif ; la poussière s'élevait en nuages épais pendant les temps de sécheresse, et, dans les temps pluvieux, le sol des appartements était des plus boueux.

Le plancher du grenier se trouvait à peine à deux mètres du sol ; sur les poutres et les soliveaux non équarris, on fixait de mauvaises planches que l'on chargeait de terre ; une simple échelle donnait accès au grenier.

Si les dépendances des maisons de laboureurs occupaient une plus grande surface, elles n'étaient point mieux bâties. Dans la cour, en face de la maison, se trouvait le fumier, la grange d'un côté, et, de l'autre, les étables et un hangar destiné à abriter les instruments d'agriculture.

Voilà l'aspect qu'offraient les habitations des cultivateurs aisés de Démuin aux deux derniers siècles. Mais quel était celui que pouvaient présenter les maisons des ouvriers, de la classe la plus pauvre, qui formait plus des deux tiers de la population ? Hélas ! leur mode de construction n'avait point varié dans l'espace de huit au dix siècles. Ces sortes de cabanes, construites en terre, couvertes en chaume, n'offraient qu'une seule pièce, sans aucune dépendance ; elles étaient jetées au hasard, de ci de là, sans la moindre régularité.

Quelques arbres à fruits, mais surtout des pruniers et des cerisiers, venus naturellement, s'éle-

vaient autour des maisons de nos ancêtres ; la
nature se chargeait aussi de faire pousser des noyers
de la même manière. De chaque côté des rues, sur
les places vagues, — car on n'était pas avare du
terrain alors — se trouvaient des ormes plusieurs
fois séculaires.

Il faut se défier des descriptions qu'ont faites des
maisons rurales au siècle dernier les différents
voyageurs qui visitèrent nos contrées- à cette
époque. Ils nous ont conservé des relations senti-
mentales où la fantaisie a plus de part que la
réalité. Ces touristes ne voyageaient que pendant la
belle saison ; ils ne voyaient que le soleil inondant
les maisons et les fleurs qui les encadraient.

Maintenant que nous connaissons l'extérieur des
habitations de nos ancêtres aux derniers siècles,
pénétrons dans l'une d'elles pour voir ce qu'elle
contient. La porte d'entrée, basse, étroite et peu
solide, n'offrait point une grande sécurité. Pour
nous introduire dans cette maison, il faut qu'une
voix nous ait crié de l'intérieur :

> Tirez la chevillette,
> La bobinette cherra.

La famille est réunie autour du foyer, où brûle
un feu de tourbe ; des escabeaux et des bancs
servent de sièges ; seul, l'aïeul est assis sur un vieux
fauteuil de bois noirci par le temps et par la fumée.
Aucun des membres de cette famille ne se lève à
notre entrée ; aucun d'eux ne répond à notre salut ;
ils nous regardent de pied en cap et nous dévi-
sagent le plus tranquillement du monde. C'est que
les paysans à cette époque se montrent très soup-
çonneux ; ils sont payés pour cela. Ils redoutent

toujours d'avoir affaire au collecteur des tailles, aux officiers de la gabelle ou aux officiers du seigneur. Mais, dès qu'ils connaissent le but de notre visite, ils se montrent vraiment hospitaliers et font voir en cela qu'ils descendent des Gaulois.

A la cheminée, que l'on considérait comme la pierre angulaire de la maison, se trouvaient des chenêts en forme de boule, la crémaillère, la poêle, le gril, le chaudron, la marmite et quelques pots de terre, dans l'un desquels se faisait un fromage mou. Au manteau de la cheminée était accrochée une lampe à queue en fer ; à côté, une lanterne à cornes, dont l'usage date du XVIe siècle ; au-dessus, un fusil et d'autres armes si utiles pour la défense contre les gens de guerre.

Sur la cheminée se voyait aussi la potière, qui consistait en deux ou trois tablettes destinées à recevoir la faïence des grands jours, les cuillers d'étain et les fourchettes de fer ou d'acier. Nos ancêtres mangeaient dans des écuelles de bois ou de terre ; il n'y avait que les plus aisés qui eussent ces objets en étain.

Dans des cadres accrochés aux murs, on voyait de mauvaises gravures sur bois représentant des sujets religieux ; parfois, on rencontrait un petit miroir. Les horloges étaient encore plus rares ; elles ne sonnaient point l'heure. Si, au siècle dernier, la huche ou maie, dont le couvercle servait souvent de table, se voyait dans presque toutes les maisons, par contre, il n'y avait que les gens riches qui possédassent des armoires et des buffets sculptés.

Dans la chambre à coucher se trouvaient un ou deux lits, fabriqués à la serpe pour les plus pauvres. Mais le lit du paysan aisé constituait la pièce principale, dont le prix dépassait souvent dans les ventes celui du reste de son mobilier.

Le lit était garni d'un ciel et de rideaux, et, pour faire ressortir l'épaisseur des matelas, en même temps que pour les préserver de l'humidité, il se trouvait très élevé au-dessus du niveau du sol. Dans notre région, on voyait très fréquemment des matelas de plumes dès le xive siècle ; on les appelait *keule à court*. Mais les paillasses formées de longue paille ou de balles d'avoine étaient encore en plus grand nombre, parce que les pauvres composaient la majorité de la population rurale. Un traversin de menue paille, une couverture de laine blanche pour l'hiver et de chanvre pour l'été, quelquefois un *loudier*, — courtepointe — complétaient les garnitures du lit.

Les bahuts, assez bien approvisionnés de draps de lit et de linge de table, renfermaient très peu de mouchoirs de poche. On y voyait souvent des pièces de toile de chanvre tissées par les ménagères durant les longues soirées d'hiver. La besace se rencontrait dans presque toutes les maisons ; elle avait succédé à la panetière des xive et xve siècles.

On remarquait aussi chez presque tous les laboureurs une *maie* et une *serenne ;* cette dernière se composait le plus ordinairement d'un tonneau en bois muni de son batte-beurre, que l'on appelait *batterole ;* mais, à partir de 1730, il y avait des serennes ou barattes tournantes.

Si, au xviie siècle, la vaisselle était de terre ou de bois, elle était, au siècle suivant, de faïence ou d'étain, les fourchettes de fer poli et les cuillers d'étain.

La vaisselle des grands jours, les habits et le linge

se trouvaient le plus souvent renfermés dans un coffre taillé par le charpentier ou dans un bahut de chêne aux panneaux sculptés, ou de bois blanc ou d'orme. Ces coffres, qui servaient de bancs, et que l'on voyait souvent au pied du lit, présentaient un très grand avantage en cas d'incendie, car il était facile de les enlever et de sauver ainsi leur contenu. Mais, au xviii° siècle, il y a moins de bancs qu'antérieurement; on fait un plus fréquent usage de chaises et de fauteuils à fond de paille.

Les paysans s'éclairaient au moyen de lanternes à cornes ou de lampes à crochets, dans lesquelles ils mettaient une platine en fer-blanc ou en terre contenant de l'huile et une mèche de coton. Les plus aisés se servaient de chandeliers en cuivre ou en fer-blanc.

A défaut d' « inventaires après décès » ayant été dressés chez des habitants de Démuin sous l'ancien régime, je me servirai de documents de cette sorte pour deux villages voisins, Happeglenne et Aubercourt. A l'aide de ces pièces, je pourrai donner une idée de ce qu'offrait l'intérieur des maisons de nos ancêtres aux deux derniers siècles de la monarchie.

Un laboureur d'Happeglenne ayant deux chevaux estimés chacun 60 livres — soit environ 146 francs de notre monnaie — avait un bien pauvre mobilier, comme je le vois par l'inventaire qui en fut fait le 8 février 1655. La désignation de la plupart des objets était suivie de cette mention : « vieux et usé. » Il ne faut pas perdre de vue que les Espagnols avaient ravagé le Santerre en 1636 ; les souffrances endurées par nos ancêtres pendant *l'année de Corbie* durent être cruelles et leur misère fut bien profonde, ainsi qu'il en était toujours, du reste, à la suite des guerres civiles ou des guerres étrangères.

La batterie de cuisine de ce laboureur d'Happe-glenne se composait d'un pot au feu en fer, d'une louche, d'un chaudron, de deux pots et de deux telles (jattes) de terre, d'une bouteille, de trois plateaux (assiettes) et de trois cuillers de bois. Comme meubles, il se trouvait une chaise à fond de paille, un banc, une maie et un grand coffre de chêne fermant à clef.

Les habits n'étaient guère en plus grand nombre; je ne trouve qu'un manteau de drap gris, un pour-point, une camisole et deux cheints (ceintures).

Il n'est point fait mention de lit, mais je vois une paillasse, une couverture blanche et une couverture de boura; il y avait un cendrier et deux sacs servant sans doute de..... draps de lit!...

Comme objets divers, je relève : une lampe de fer et sa platine, un seau garni de trois cercles de fer, une serpe, un van, deux futailles dont une fermant au cadenas. Telles étaient les seules pièces com-posant le mobilier de ce laboureur, — mobilier bien incomplet et bien peu luxueux.

L'estimation totale des meubles et habits s'éleva à 26 livres — 64 fr. — et encore, sur cette somme, le coffre et le manteau y entraient pour 11 livres — 26 fr., — le premier ayant été estimé cinq livres et le second, six livres.

La batterie de cuisine d'un ouvrier terrassier d'Aubercourt, mort en 1730, comprenait une cré-maillère, deux chenêts, un gril, des pincettes, deux seaux, deux chaudrons d'airain, une poêle. Comme objets en terre, il y avait cinq jattes, deux pots, six assiettes, deux écuelles, un plat et, en outre, cinq pots de grès. Dans une armoire se trouvait rangée la vaisselle des grands jours : quatre plats d'étain, trois assiettes et un plat de faïence. Comme habits et linge, je relève un habit, une veste d'étoffe, trois culottes de toile, un chapeau, une cravate, une paire de souliers, une paire de bas bleus, quatre chemises, trois draps, une serviette.

Le mobilier comprenait trois chaises, un banc, un miroir — pièce assez rare — une manne, un van, une armoire, un pétrin, deux tamis de soie pour passer la farine et un panier. — Le lit était garni d'une paillasse, d'un traversin et d'une couverture de laine.

Je mentionnerai les outils et objets suivants : serpe, scie, marteaux, villebrequins, pelles à four, fourgon, balance, fourche, cuviers, saloirs, brouette, etc. Quelques jours après la mort de ce manouvrier, une vente de ses meubles avait lieu à la porte de sa maison et produisait à peine cent livres — environ deux cents francs de notre monnaie.

Si nous étions entrés quelques années plus tard, en 1737, dans la maison d'un laboureur d'Auber-court, nous aurions trouvé dans sa cuisine : une crémaillère, une paire de chenêts, deux lampes, une pelle à feu, deux seaux en bois garnis de cercles de fer, une marmite en fer avec son couvercle, une poêle, deux chaudrons d'airain, quatre jattes et deux pots de terre, quatre plats et trois assiettes aussi de terre, deux bouteilles de verre, deux assiettes en faïence, deux fers à repasser, cinq fourchettes de fer, une salière de bois, une paire de ciseaux, une cruche et trois pots de grès, une baratte, une balance, un poivrier, deux marteaux, une plane, une serpe, une faux, un coffre en bois de

chêne renfermant trois paires de drap, une nappe
et trois torchons. Dans la cuisine se trouvaient
encore une table en bois blanc et quatre chaises à
fond de paille. Dans la chambre, située à côté, on
voyait un fourgon, deux pelles à four, un pétrin et
des paniers à pain, — car c'était dans cette pièce
que se trouvait le four — un vieux tamis, un
« bultoir », un saloir, un rouet et vingt-cinq livres
de lard en plusieurs morceaux attachés au plancher,
un mauvais coffre, trois draps usés, deux sacs et
une besace. Enfin, on y voyait deux lits garnis
chacun d'une paillasse, d'un traversin et d'une
paire de draps ; sur l'un des lits était une couverture
de laine, et sur l'autre une couverture de chanvre.
L'estimation de ce mobilier s'élevait à cent livres.

Passant de la chambre de ce laboureur pour
entrer dans son écurie, qui se trouvait à côté, nous
y aurions vu trois juments estimées cent livres
avec leurs harnais. Pénétrant dans une étable
voisine, nous aurions remarqué une vache estimée
36 livres, un âne valant 5 livres, quatre moutons
d'une valeur de 18 livres, et un porc estimé 12 livres.

Dans la cour se trouvaient seize poules et un coq
valant dix sous « l'un dans l'autre. »

Dans la grange étaient rangés les objets suivants :
une vannette, un crible, une mesure aux grains,
deux fléaux, un cuvier et un trépied.

Enfin ce laboureur avait deux grandes voitures
et une petite, — et seulement deux paires de roues,
— deux herses, une volée et une charrue, le tout
estimé 82 livres.

Sous la date du 20 janvier 1760, je trouve l'inventaire fait en la maison d'un autre cultivateur d'Aubercourt, qui, de même que le précédent, possédait

trois chevaux ; mais son mobilier était plus important que celui dont je viens de parler ; de plus,
l'habitation de ce dernier se composait de trois
pièces, ce qui marque déjà un progrès.

Dans la cuisine, — que l'on appelait alors la
chambre de ménage ou plus communément la
maison, — se trouvaient une crémaillère, des pincettes, un gril, une lampe à crochet de fer, deux
marmites de fer avec leur couvercle, une écumoire
de cuivre et un chaudron de fer, dix-huit pièces de
vaisselle de terre ou de grès placés sur la *potière,*
une lanterne, deux couloires, un petit miroir, une
mesure aux grains, deux faucilles, deux seaux, un
bloc, sept plats, huit assiettes et vingt et une
cuillers d'étain, six assiettes en faïence, deux
bouteilles de verre, cinq gobelets, deux verres,
une plane, deux serpes, deux marteaux, deux
petites enclumes servant à aiguiser les faux, une
bêche, un cadenas, une balance, un picotin d'osier,
une table en bois de chêne avec son pliant, une
autre table, un petit coffre renfermant des habits
et du linge à l'usage de la femme, un fauteuil et six
chaises à fond de paille, deux vieilles culottes de
toile, un torchon et trois volumes dont le titre n'est
point indiqué sur l'inventaire. Enfin, il y avait dans
la cuisine une armoire en chêne à deux portes
fermant à clef, contenant trois chemises de toile de
chanvre, un habit, une veste et une culotte de drap
marron foncé, un chapeau, trois serviettes, une
nappe de toile unie, neuf cottes, neuf paires et
demie de draps de toile de chanvre, un cendrier,
un torchon, un jupon noir de serge de Londres à
l'usage de la femme, trois paires de bas de laine et
une paire de bas de coton, et enfin cinq tabliers

dont un de gros de Tours, un de coton, deux de toile peinte et un de mousseline, servant également à la femme.

Dans la cave se trouvaient un pot de beurre salé et un pot d'oseille ; c'est le seul inventaire où il est fait mention d'une cave.

Dans la chambre à coucher, il y avait un lit en bois blanc garni de deux paillasses, d'une courte-pointe de toile et d'un sac rempli de paille ; une redingote, deux camisoles, une culotte de calle-mande noire, trois paires de bas de laine, une paire de guêtres, une baratte, trois faux, une paire de souliers et une paire de galoches, une vieille chaise, un rouet, deux douzaines de fuseaux, une forme de bois, cinq petites mannes et trois paniers d'osier, un bloc, un comble, un mauvais bois de lit et un vieux coffre en chêne.

Dans une seconde chambre, où se trouvait le four, il y avait une crémaillère, une pelle, une lampe à crochet, trois futailles, dont une pleine de cidre, trois cuviers, un trépied, un saloir, un pétrin, trois tamis, trois paniers à pain, une pelle de bois, un fourgon, deux peignes à laine, un lit non garni, une armoire en bois blanc renfermant un habit et une veste de drap de Lodève ; il y avait aussi dans le fournil six jambons, sept quartiers de lard, quarante-quatre morceaux de porc salé, cinq andouilles, trois sacs de toile et trois chemises. L'estimation de ces divers objets atteignait à peine 220 livres.

Telles étaient les différentes pièces composant le mobilier d'un cultivateur qui avait trois chevaux, quatre vaches, soixante moutons, trente poules et une « poule d'Inde qui était due au seigneur. »

Je trouve à peu près les mêmes objets que ceux

que je viens d'énumérer dans l'inventaire d'un autre laboureur du même village mort au mois de février 1761. Je reléverai seulement de l'inventaire les objets suivants : neuf assiettes et sept plats d'étain, dix volumes de piété, deux culottes de toile, une paire de guêtres, une pièce de cidre de deux cents litres, quarante-six morceaux de porc salé, cinq andouilles, six jambons, trois quartiers de lard, cinquante autres morceaux de porc salé accrochés au plancher du fournil, un pot de prunée, une veste grise, deux culottes de drap, l'une noire et l'autre marron foncé, deux lits couverts chacun d'un loudier.

La maison de ce laboureur, de même que celle du précédent, se composait de trois pièces : une cuisine, une chambre et un fournil ; les dépendances étaient semblables. Il avait trois chevaux, quatre vaches et soixante-cinq moutons ; ses instruments aratoires étaient les mêmes à peu de chose près.

Je ne pousserai pas plus loin l'étude de ces inventaires, d'autant plus qu'au siècle dernier ils se ressemblent à peu près tous. Nous n'entrerons ni chez le fermier d'Aubercourt, ni chez le curé, ni chez le seigneur d'Happeglenne, car le mobilier de ces personnages sort de l'ordinaire, et je n'ai eu pour but que de faire connaître l'intérieur des petits et des humbles.

Le dépouillement des inventaires des paysans n'est guère attrayant au premier abord, mais ces documents sont du plus haut intérêt pour l'étude de la vie rurale. C'est une mine féconde qui n'a été encore que trop peu souvent exploitée pour la Picardie, mais qui aurait pour résultat de modifier bien des opinions. Toutefois, il serait impossible de reconstituer l'intérieur de toutes les maisons d'un village parce qu'on ne retrouverait point l'inventaire de chaque ménage; en outre, chez les plus pauvres, qui formaient le très grand nombre de la population, il n'était pas dressé d'acte de ce genre. A quoi bon ? Ils ne possédaient presque rien.

On raconte qu'un prêtre s'étant présenté chez un artisan de je ne sais plus quel village qui venait de se marier, pour bénir son lit, n'en trouva point et en parut tout inquiet : « Bénissez ce coin, dit le nouveau marié, il y aura tantôt de la paille. »

Sous l'ancien régime, tout était prétexte à divertissements : la fête patronale, les baptêmes, les noces, les fêtes religieuses, le mai, etc, etc. Les jeux des paysans, qui nous paraissent aujourd'hui bien puérils, étaient les jeux de boule, de ballon, de crosse, de barres et d'autres encore. Mais le divertissement par excellence, celui qu'affectionnait surtout la jeunesse, c'était la danse, quoique le clergé fît de constants efforts pour l'interdire. Chaque dimanche, à la sortie des vêpres, et même dans la semaine, au moindre motif, un ménétrier, debout sur un tonneau, fournissait aux jeunes gens l'occasion de se livrer à leurs ébats favoris.

Des repas pantagruéliques, aux mets plus abondants que succulents, réunissaient souvent nos ancêtres ; mais, dans ces festins, il y avait fréquemment à déplorer des querelles, des rixes et des coups entraînant parfois la mort ; le Picard, dit un adage, a la tête près du bonnet.

Le lendemain d'un tel festin, les jours suivants et même durant de longs mois, nos aïeux n'avaient plus rien à se mettre sous la dent. La base de leur alimentation était un pain noir et grossier fait avec de la farine d'avoine, d'orge ou de seigle ; il se desséchait rapidement et pouvait ainsi se conserver longtemps ; il était cassé à coups de marteau et on le faisait tremper dans de l'eau salée. Les plus riches mettaient parfois un morceau de lard dans cette eau, ou bien de la graisse ou encore du lait pour en faire une espèce de soupe, mais cela n'arrivait point tous les jours ni chez tout le monde, car, notamment sous l'ancien régime, les disettes se reproduisaient souvent, et les malheureux paysans n'avaient pas toujours chez eux ce mauvais pain.

Nos ancêtres ne consommaient que fort peu de bœuf ou de mouton ; le porc même, cette viande du pauvre, n'apparaissait qu'à de certaines fêtes, d'où cette expression que l'on entend encore répéter : « Mettre son habit à manger du lard », pour indiquer que quelqu'un revêt son plus bel habillement.

Les laboureurs dans l'aisance avaient un ordinaire plus varié ; leurs vaches ou leurs chèvres leur donnaient du lait, du beurre, du fromage, et leurs poules leur procuraient des œufs ; ils buvaient du cidre ; leur saloir était parfois bien approvisionné de viande de porc ; quelques gros morceaux de lard se voyaient accrochés au plancher. Mais les plus pauvres n'avaient rien de tout cela : ils mangeaient du pain et buvaient de l'eau pendant toute l'année.

Puisque nous en sommes à l'alimentation des paysans aux derniers siècles de la monarchie, occupons-nous de la manière de vivre des différents peuples qui ont habité notre patrie.

Les Celtes se nourrissaient sans doute des graines et des fruits sauvages provenant des arbres de leurs immenses forêts, car ils ne connaissaient pas l'art de l'agriculture. Cet art fut apporté en Gaule par les Phocéens établis à Marseille.

Quant aux Gaulois, lorsque la moisson était venue, ils coupaient les épis à l'aide d'un van monté sur deux roues, armé de dents de fer à sa partie antérieure et poussé en avant par un cheval, mais la paille restait sur pied dans toute sa hauteur. Quelquefois aussi, armés d'un peigne destiné à saisir une poignée d'épis, les moissonneurs les coupaient ensuite à l'aide de ciseaux. Pour séparer le grain de son enveloppe, on le faisait fouler par de gros rouleaux ou sous les pieds des chevaux ou des bœufs. Différents auteurs sont portés à croire que le grain était conservé sous terre, parce que des souterrains découverts en nombre d'endroits renfermaient des amas de blé.

Primitivement, le blé était mangé en grain. Plus tard, on se servit de moulins à bras pour le moudre. Le progrès aidant, ces moulins, que tournaient les femmes, furent successivement mis en action par les ânes, les chevaux et enfin par l'eau. Les moulins à bras subsistèrent surtout dans les monastères jusqu'au XIII° siècle, quoique les moulins à vent fussent introduits en France au XII° siècle par les croisés, qui les avaient vus fonctionner en Orient.

Le pain était cuit sous la cendre ; à cet effet, on plaçait la pâte sur l'âtre du foyer ou sur une plaque de terre ou de fer préalablement chauffée ; au-dessus se trouvait une sorte de couvercle contenant des cendres chaudes. Cette méthode subsista longtemps dans notre pays, où elle était encore en usage au XIV° siècle, quoique les fours fussent connus bien antérieurement.

Une espèce de pain qui était encore d'un usage général au XIV° siècle devait surtout servir de plat, ce qui lui fit donner le nom de *pain assiette* ou *tranchoir ;* il était humecté par la sauce des différents mets servis précédemment ; on le mangeait en dernier lieu. Au xviᵉ siècle, on servait encore un pain semblable, pour la forme, il est vrai, au sacre des rois de France.

L'institution des boulangers n'a eu lieu qu'après l'invention des fours. Précédemment, chaque ménagère se servait de son foyer. Les Gaulois avaient des boulangers dont le patron était Mercure-Artaïus ; un temple lui fut élevé sur l'emplacement du village actuel d'Artai en Dauphiné, à deux lieues de Grenoble. Ce fut à la fin de la seconde race et au début de la troisième que les seigneurs établirent surtout le droit de banalité, dont il sera parlé plus loin.

Voyons maintenant en quoi consistait le costume de nos ancêtres pendant les xviᵉ, xviiᵉ et xviiiᵉ siècles.

Sous le règne de François Iᵉʳ, la mode était aux fourrures ; de la ville, elle passa bientôt à la campagne. Les paysans voulaient imiter les bourgeois, et les laboureurs s'habillaient comme les artisans des villes. Les uns portaient une jaquette en drap noir doublée de serge blanche, et, par-dessus, une robe noire fourrée d'agneau blanc. D'autres jetaient sur leur jaquette un manteau blanc fourré d'agneau. Nos ancêtres étaient-ils plus frileux que nous, ou bien la température se trouvait-elle plus basse que de nos jours ? C'est ce que je ne saurais décider.

En 1583, un poëte faisait connaître, par les vers suivants, les différentes parties du costume d'un paysan :

> Le beau manteau tanné fait à double rebras
> Lui cachait les genoux et lui couvrait les bras :
> Sa jaquette de même, et la grosse brayette
> Nouée çà et là d'une double aiguillette :

Le bonnet rouge en tête, et dessus le bouquet
Bien joliment tressé de thym et de muguet.
Il avait au côté vieillement composée
La gibsière de cuir, d'y fouiller tout usée ;
La baguette à la main ; d'une telle façon
Marchait le bon Pierrot le jour de saint Sanson :
Un enfant de quatre ans avec qui il caquette,
Cheminant se pendait au pan de sa jaquette. [1]

Après la mort du roi Henri IV, on ne s'occupa plus des paysans que pour les accabler d'impôts qu'ils ne pouvaient pas toujours payer. Aussi, c'est avec un sentiment de pitié que l'on voit ces malheureux tels que les ont représentés les frères Lenain et Jacques Callot. Ils portaient alors une cape fort courte et des guêtres de toile. Un édit royal de 1549 avait interdit aux artisans des villes et aux gens de la campagne de porter des habillements de soie. Cette ordonnance somptuaire était forcément

Fig. 27.— Paysans de la fin du règne de Louis XIII.

observée par les malheureux sujets de Louis XIII, qui avaient bien de la peine à se vêtir décemment.

Sous le règne de ce monarque, les filles des paysans portaient pour coiffure un gros béguin piqué que l'on retrouve encore aujourd'hui en Picardie sous le nom de *calipette*. Les hommes faisaient usage de la hongreline, de même que les femmes ; celles-ci plaçaient par-dessus un tablier.

Sous le règne de Louis XIV, nos ancêtres portaient aux jours de fête une chemisette, sorte de

1. Claude Gauchet, *Les Plaisirs des Champs*, 1583, p. 58.

gilet à manches, en drap, en laine ou en peau de cerf à boutons d'argent ; cette partie du vêtement était recouverte d'un pourpoint en tiretaine, en drap noir, puis en drap gris ou en serge grise garnie de rubans noirs. Le manteau, d'abord en drap noir, garni de galons gris et de bandes de velours, fut ensuite confectionné en bouracan couleur de musc, ou en drap gris de fer ou rose sèche. Les hauts de chausses étaient en drap noir. Les laboureurs revêtaient quelquefois aussi à cette époque un justaucorps qui les serrait à la taille et descendait jusqu'au genou ; ils attachaient autour du cou une fraise ou collerette plissée. Un chapeau noir, blanc ou gris, à larges bords relevés sur deux ou trois côtés, complétait le costume.

A côté de ces cultivateurs aisés, il y avait surtout, pendant les plus mauvais jours du règne de Louis XIV, de nombreux paysans si malheureux que leurs vêtements étaient en toile, toute déchirée et à demi pourrie.

Sous le règne de Louis XV, la veste et la culotte remplacent le justaucorps, la chemisette et le haut de chausse. L'habit était en drap, en laine, en peluche ou même en velours ; la veste, également en drap, était doublée de serge. On employait aussi le drap ou un tissu plus résistant pour la confection de la culotte ; on assortissait ordinairement ces trois pièces. Quant aux nuances, elles variaient à l'infini ; on voyait des vêtements en drap bleu, marron, rouge, gris de fer, vert olive, etc. La culotte était fixée par des cordons et, au-dessous du genou, sur la culotte, s'enroulaient de grands bas bleus.

Le linge blanc, d'un usage assez fréquent, était renouvelé chaque dimanche ; chez certains laboureurs, il n'était pas rare de voir huit, douze ou quinze chemises.

Tel était le costume des dimanches porté par les plus riches habitants des campagnes sous le règne de Louis XV. Ils allaient même jusqu'à se faire friser et poudrer les cheveux les jours de fêtes. C'est ce qui fit dire à Voltaire, parlant des gens de la Franche-Comté : « Je ne sais comment il est arrivé que, dans nos villages, où la terre est ingrate, les impôts lourds, la défense d'exporter le blé qu'on a semé intolérable, il n'y a guère pourtant un colon qui n'ait un bon habit de drap, et qui ne soit bien chaussé et bien nourri. »

Mais si les paysans chaussaient des souliers pour le dimanche, ils portaient des sabots à l'intérieur ou pour travailler aux champs, de même qu'ils coiffaient le bonnet de drap noir, brun ou écarlate que l'on avait sous François Ier. Les plus pauvres ne chaussaient que des sabots fabriqués avec soin, il est vrai, mais, la plupart du temps, ils marchaient pieds nus.

Pour le travail des champs, les laboureurs revêtaient de vieux habits qu'ils recouvraient néanmoins d'une espèce de grande chemise de toile grise, ressemblant assez à la blouse.

C'est sous le règne de Louis XVI que l'on voit apparaître la blouse dans les campagnes. « Alors « gens de commun » et fermiers d'échanger simplement, le dimanche, blouse, culotte et guêtres de toile grise contre blouse, culotte et guêtres de toile bleue ; le chapeau de feutre noir, blanc ou gris, à larges bords relevés sur deux ou trois côtés, contre le bonnet de coton ; le soulier à boucle d'argent ou d'étain contre la galoche et le sabot. Alors, les vêtements de drap qui ne sortent plus du « bahut » qu'à l'occasion d'un mariage ou d'une grande cérémonie, voient souvent plusieurs générations. Le vieillard octogénaire porte seul le justaucorps de ses vingt ans, qu'il soit passé « du blanc au roux, du roux au « rapé, du rapé au gras, du gras au reprisé », peu importe. Il sait que personne ne plaisantera ces exhibitions solennelles d'un autre âge, à côté de l'habit moderne « en drap de Reims à boutons poil « de chèvre et de la veste de basin marron doublée « de toile de gros. » [1]

Au xviiie siècle, la toilette des femmes n'a guère varié. Le dimanche, elles portaient un bonnet rond orné de bavolets que les élégantes agrémentaient d'une dentelle de prix. Les autres pièces de leur toilette se composaient d'un corsage à basques appelé juste, d'une jupe, d'un tablier et d'un grand mantelet à capuchon ; le juste et la jupe étaient en étoffe plus ou moins fine, le tablier en serge et le mantelet en drap, en étamine ou en indienne. Les nuances les plus recherchées étaient le rouge et le bleu ; le marron n'appartenait qu'à la vieillesse.

L'habit de travail des femmes se composait d'un corps de baleine recouvert de drap, lacé par-devant et montant jusqu'au-dessous des bras, d'une jupe de toile grise ou de flanelle grossière, d'un mouchoir roulé sur la tête ou même d'un bonnet de coton.

Si, à travers les âges, les hommes ont successivement porté la robe, le justaucorps, l'habit ; — s'ils ont eu les chausses collantes, les larges hauts de chausses, la culotte, par contre, les femmes n'ont

1. B⁰ⁿ A. de Calonne, *La Vie agricole sous l'ancien régime en Picardie et en Artois.* Paris, 1883, p. 200.

jamais abandonné la robe qui ne varia que dans le tissu, la couleur, la forme et les dimensions. En se rapprochant de la Révolution, le costume des hommes devient plus simple alors que celui des femmes se montre plus éclatant.

La coiffure des paysannes variait d'un pays à l'autre. Ici, elles portaient les cheveux courts et des chapeaux à grands bords ressemblant à ceux des hommes. Ailleurs, les cheveux se trouvaient entièrement cachés, tandis qu'ailleurs encore ils étaient tressés et disposés en forme de cercle sous une sorte de filet rouge ou vert.

Aux deux derniers siècles, les paysans portaient leurs cheveux longs, qu'ils nouaient derrière au moyen d'un ruban.

Un auteur a dit avec raison qu'il ne faut pas « conclure que la richesse et l'élégance des costumes soient un indice indiscutable d'une aisance exceptionnelle chez les campagnards. Si elles prouvent d'une manière certaine que la gêne et la misère ne règnent pas chez eux sans partage, en revanche elles ne sont pas toujours en rapport avec la quantité de leurs terres et le nombre de leurs bestiaux. Il y a des manouvrières qui ont une garde-robe mieux garnie que des fermières. C'est du reste leur seul luxe, et le luxe des vêtements est le luxe des peuples primitifs. Quand on a peu, on veut porter beaucoup sur soi. Le vêtement, quelquefois le bijou, c'est à peu près le seul superflu du paysan. Dans les inventaires des nobles et des prêtres de la fin du moyen âge, vêtements et bijoux figurent aussi dans une proportion prépondérante; il faut arriver à un certain degré de culture intellectuelle, de richesse et de sécurité, pour tenir davantage à parer sa demeure que sa personne. » [1]

Les différents auteurs qui se sont occupés dans ces derniers temps des classes rurales ont trouvé les principaux éléments de leurs travaux dans les inventaires dressés après le décès des paysans ; mais leurs ouvrages ne peuvent se rapporter qu'aux classes aisées des campagnes. Les conclusions que ces auteurs ont pu tirer de leurs études ne sont donc point rigoureuses et ne peuvent, en aucun cas, s'appliquer d'une manière générale, car il ne faut point oublier que, par suite de causes multiples, l'aisance disparaissait souvent d'un pays pour faire place à la plus profonde misère, et que, dans tel village, on remarquait une certaine prospérité alors que les habitants des villages voisins se débattaient contre la plus affreuse indigence.

Jamais on ne connaîtra la somme de souffrances endurées par les dernières classes des campagnes dans leur horrible lutte pour l'existence. Leurs souffrances ont été bien dures au siècle dernier, ainsi que le constate M. H. Taine. « Il est manifeste, dit-il, que la pesanteur de l'impôt est la principale cause de la misère ; de là, des haines accumulées et profondes contre le fisc et ses agents, receveurs, officiers des greniers, gens des aides, gens de l'octroi, douaniers et commis. — Mais pourquoi l'impôt est-il si pesant ? La réponse n'est pas douteuse, et tant de communes qui plaident chaque année contre messieurs tels ou tels pour les soumettre à la taille l'écrivent tout au long dans leurs requêtes. Ce qui rend la charge accablante, c'est que les plus forts et

1. A. Babeau, *La vie rurale dans l'ancienne France*, Paris, 1883, p. 70.

les plus capables de la porter sont parvenus à s'y soustraire, et la misère a pour première cause l'étendue des exemptions. » [1]

Cependant, malgré cette misère, le paysan avait acheté de la terre pendant tout le dix-huitième siècle, ainsi que l'a remarqué le même auteur. « Comment avait-il fait, dans une telle détresse ? s'écrie M. Taine. La chose est à peine croyable, quoique certaine ; on ne peut l'expliquer que par le caractère du paysan français, par sa sobriété, sa ténacité, sa dureté pour lui-même, sa dissimulation, sa passion héréditaire pour la propriété et pour la terre. Il avait vécu de privations, épargné sou sur sou. Chaque année quelques pièces blanches allaient rejoindre son petit tas d'écus enterré au coin le plus secret de sa cave ; certainement, le paysan de Rousseau, qui cachait son vin et son pain dans un silo, avait une cachette plus mystérieuse encore ; un peu d'argent dans un bas de laine ou dans un pot échappe mieux que le reste à l'inquisition des commis. En guenilles, pieds nus, ne mangeant que du pain noir, mais couvant dans son cœur le petit trésor sur lequel il fondait tant d'espérances, il guettait l'occasion, et l'occasion ne manquait pas. » [2]

Depuis près de deux siècles, la fabrication des bas de laine au métier a fait vivre la plus grande partie de la population ouvrière de Démuin. Quoiqu'au début, il fallût être autorisé pour se livrer à cette profession, elle occupait néanmoins beaucoup plus de bras autrefois qu'actuellement.

La première manufacture de bas au métier qui

1. *Les origines de la France contemperaine,* Paris, 1885, p. 474.
2. Ibid., p. 451-452.

se soit vue en France fut établie en 1656 dans le château de Madrid, au bois de Boulogne, près Paris. Jusque là, les bas étaient faits au tricot, et cette industrie procurait la substance à une grande partie du peuple de tout âge et de tout sexe.

C'est en 1700 qu'eut lieu l'introduction des métiers à bas en Picardie ; quelques habitants d'Amiens furent autorisés à exercer cette profession. D'autres faiseurs de bas s'établirent illégalement en différents autres points de notre province ; pour se mettre en règle, ils sollicitèrent et obtinrent l'autorisation d'exercer cette industrie ; de sorte qu'en 1725 les villes de Péronne, Montdidier, Roye, Albert et le bourg de Méharicourt furent ajoutés au nombre des localités où la fabrication des bas au métier était permise. Des règlements royaux punissaient sévèrement les ouvriers qui n'avaient point reçu l'autorisation nécessaire.

A cette époque, tout un arsenal d'ordonnances et de statuts émanant du conseil d'État réglait la confection des bas de laine. Ainsi les bas devaient être façonnés avec la plus fine laine, que l'on appelait laine *d'estaim*. C'était une sorte de longue laine que l'on avait fait passer par un peigne ou grande carde, dont les dents étaient allongées, fortes, droites et pointues par le bout. Lorsque cette laine avait été filée et bien tordue, elle était appelée fil *d'estame* et servait à la confection des bas *d'estame*, d'où est venu le nom de *badestamier*, appliqué au faiseur de bas. Le fil d'estame, n'ayant point été tiré avec le chardon, formait un bas fort ras.

Les différentes ordonnances royales rendues pour la fabrication des bas et autres ouvrages au métier avaient surtout pour objet la bonté de la confection, puisqu'elles prévenaient l'emploi des matières inférieures qui auraient nui à la qualité des marchandises.

Il était expressément recommandé d'employer des laines qui n'avaient pas moins de trois fils; — de ne faire usage que de laines de bonne qualité, telles que les laines d'Angleterre, d'Irlande, de Hollande, d'Espagne, du Languedoc, du Berri, de l'Auxois et du Cotentin, « bien nettes et sans bourre »; l'emploi des laines d'agneaux, d'animaux malades ou morts de maladie, appelées pelades ou morines, était rigoureusement interdit. Le foulage des ouvrages de laine devait être fait à l'aide de savon blanc ou de savon vert, sans mélange de craie ou de blanc d'Espagne. Il était recommandé aux fouleurs de ne se servir que de rateliers en bois ou en os, et de donner au moins deux eaux vives aux ouvrages en laine après les avoir dégraissés.

Aussitôt que les bas étaient cousus et foulés, ils devaient être marqués d'un petit plomb portant, d'un côté, le nom du maître et, de l'autre, celui de la ville qu'il habitait; cette formalité était obligatoire avant la mise en vente.

Toute infraction à ces divers articles du règlement entraînait la confiscation des métiers et des ouvrages, et le délinquant était passible d'une amende de cent livres.

Les maîtres ne pouvaient vendre que les bas fabriqués chez eux par leurs apprentis ou leurs compagnons.

Des inspecteurs, chargés de faire observer les statuts et les règlements, visitaient les boutiques des faiseurs de bas quatre fois par an, indépendamment des visites qu'ils pouvaient faire « quand bon leur semblait. » En cas de contravention, ils se faisaient assister d'un agent de police, après en avoir obtenu l'autorisation du juge, et prononçaient la confiscation des métiers et des bas.

La marque des bas offrait une garantie sérieuse pour l'acheteur, car, si la marchandise était défectueuse, il avait recours contre le fabricant. Aussi, les faiseurs de bas qui voulaient tromper sur la confection ou sur la qualité se dispensaient de faire attacher le plomb réglementaire sur leurs ouvrages, mais un arrêt du 3 octobre 1716 y mit bon ordre.

Fig. 28. — Métier de bas.

Je ne ferai point la description du métier à bas, dont la construction est des plus compliquées, mais

7

je dirai un mot de la découverte de cette machine. L'auteur est inconnu ; il a cela de commun avec tant d'autres hommes dont les inventions ont servi l'humanité, que son nom a passé inaperçu, tandis que l'on a conservé les noms des nullités de différentes époques. On sait néanmoins que cet intelligent mécanicien était un serrurier de la basse Normandie, et qu'il vivait sous le règne de Louis XIV. Il voulut faire présenter au roi les premiers bas qu'il avait fabriqués. Le corps des marchands bonnetiers de Paris, qui était le cinquième des six corps des marchands de la capitale, en fut informé. Craignant que cette nouvelle invention ne fît tort à la fabrication des bas au tricot, les bonnetiers parisiens corrompirent un valet de chambre, qui, avant de présenter le cadeau au roi, rompit plusieurs mailles aux bas, de sorte qu'ils se déchirèrent lorsque le monarque voulut les essayer.

L'inventeur, découragé, passa en Angleterre. Sa découverte, justement appréciée outre-Manche, lui valut de magnifiques récompenses. Toutefois, on prétend qu'il vint mourir à l'hôtel-Dieu de Paris, à la fin du XVIIe siècle, — ce qui n'aurait rien que de vraisemblable pour un inventeur.

De leur côté, les Anglais prétendent que l'invention du métier à bas est due à l'un de leurs compatriotes, William Lee, de Woodborough, qui, n'ayant point reçu de la reine les encouragements qu'il en attendait, serait venu en France, où il aurait été bien accueilli par Henri IV. Lee aurait établi une manufacture à Rouen et serait retourné dans sa patrie après l'assassinat du roi de France.

Quoi qu'il en soit, la fabrication des métiers à bas prit dès lors une très grande extension en

Angleterre, et l'exportation de ces machines en pays étranger entraînait la peine de mort.

Enfin, l'on prétend qu'un mécanicien français s'étant rendu à Londres construisit à son retour, par un effort de mémoire étonnant, le premier métier à bas que l'on vit en France.

Une autre version attribue à Jean Hindres, Français d'origine, l'introduction, en 1656, du métier qui servit de modèle à ceux qu'on établit à Paris.

Un arrêt du conseil d'État, en date du 25 avril 1724, défendait, sous peine de confiscation et d'une amende de mille livres, « de transporter ni faire sortir hors du royaume aucun métier. » Les maîtres serruriers, arquebusiers ou autres artisans qui avaient seuls le droit de fabriquer les métiers à faire bas ou autres ouvrages en laine, soie ou coton, ne devaient les vendre « à aucune autre personne qu'à des marchands travaillant auxdits ouvrages, à peine de trois cents livres d'amende, qui ne pouvait être modérée pour quelque cause que ce fût. »

Lorsqu'un fabricant ou un badestamier vendait un métier, il était tenu d'en faire la déclaration dans les vingt-quatre heures au syndic ou aux gardes-jurés des fabricants de bas de la ville où il résidait. Le nom du vendeur et celui de l'acheteur étaient aussitôt inscrits sur un registre à ce destiné.

Un autre article du même arrêt ordonnait le recensement des métiers tous les ans, au mois de janvier.

Par les sept articles de cette ordonnance, il ressort clairement que l'on n'avait eu pour but, en la promulguant, que d'arriver à empêcher la sortie des métiers du royaume.

La fabrication des métiers occupait un certain nombre d'ouvriers de plusieurs endroits du Santerre dans la première moitié du siècle dernier. Je ne parlerai que d'une seule localité, de Démuin, qui était alors un bourg très florissant.

Le bourgeois Scellier, de Montdidier, écrivait en 1739 : « Les habitants de Démuin sont des plus commerçants du Santerre. Les plus forts font trafic en laine de Hollande, de Tourcoing et des Pays-Bas, et en font filer pour la fabrique de bas au métier et pour celle d'Amiens. La plus grande quantité ont des métiers, plus ou moins, suivant leur faculté, qu'ils mettent en œuvre. Quelques-uns tiennent boutique pour la construction de ces métiers, tant pour l'endroit que pour les environs, et tout le reste travaille à fabriquer ou mettre en forme, à coudre et fouler les bas. De façon que tous, petits et grands, hommes et femmes, garçons et filles, sont occupés : c'est une fermentation générale de négoce. Aussi y vit-on commodément et l'on y aperçoit bien moins de pauvres que dans certaines paroisses voisines qui fuient l'ouvrage. »

Il aurait été intéressant de faire connaître l'état de l'instruction primaire à Démuin, à différentes époques ; mais, là encore, les documents font absolument défaut.

Pour certaines localités, l'établissement de leurs écoles remonte au moyen âge ; elles furent fondées soit par le clergé soit par les seigneurs ; mais la plupart d'entre elles ont été créées à l'aide des ressources de la communauté.

C'est au XVIᵉ siècle surtout qu'on vit s'élever des écoles rurales de toutes parts, notamment dans la région du nord de la France. Le choix des maîtres était confié aux curés, qui désignaient toujours des clercs pour faire l'instruction des enfants.

A Démuin, le chanoine Guillain Lucas avait fondé une rente pour l'entretien d'un vicaire dans cette paroisse. Un siècle plus tard, l'évêque d'Amiens réunissait cette rente à la dotation de la fabrique pour être affectée à la subsistance d'un vicaire qui serait chargé d'aider le curé dans les fonctions de son ministère et d'instruire douze enfants des deux sexes choisis dans les familles les plus pauvres, ce qui eut lieu jusqu'en 1789. (V. 2ᵉ partie, p. 97.)

Un « clerc laïc » était en outre attaché à la communauté de Démuin ; il était chargé de donner, moyennant rétribution, l'enseignement primaire aux autres enfants de la communauté.

Je n'ai trouvé que trois noms de maîtres d'école avant la Révolution : Martin Cannesson, mort le 29 mars 1691, à l'âge de quarante-cinq ans ; Jean Courtois, magister en 1698, et Toussaint Ledieu, en 1702.

§ VIII. — Administration civile. — Topographie.

Jusqu'à la Révolution, Démuin était du parlement de Paris, de la généralité et de l'élection d'Amiens pour la partie du territoire située sur la rive droite de la Luce, et de l'élection de Montdidier pour la partie située à gauche de cette rivière ; il était de la prévôté de Fouilloy et de celle de Montdidier, du bailliage et du grenier à sel de cette dernière ville, du diocèse et de l'archidiaconé d'Amiens et du doyenné de Fouilloy, près Corbie.

Quelques explications sont nécessaires ici pour faire bien comprendre ce qu'étaient ces différentes institutions que la Révolution a abolies.

Le Parlement de Paris était une cour souveraine de justice dont le siège se trouvait à Paris. Cette cour se composait des grands vassaux du duché de France, des prélats et des principaux dignitaires de la couronne ; elle jugeait en dernier ressort au nom du roi ; elle enregistrait les lois, les édits et les ordonnances. Le ressort du parlement de Paris s'étendait sur la plus grande partie de la France ; le reste du royaume ressortissait à douze autres cours souveraines appelées parlements provinciaux.

La Généralité était une étendue de pays formant le ressort d'un bureau de finances. Avant 1789, il y avait en France vingt-six généralités subordonnées chacune à un intendant, officier qui administrait la justice, la police et les finances. Pour la facilité des recettes, on subdivisa les généralités en un certain nombre d'élections; c'est ainsi que la généralité d'Amiens comprenait six élections.

L'Élection, juridiction royale datant des fameux états généraux de 1356, connaissait, en première instance, de la plupart des matières dont les Cours des Aides connaissaient en appel. Ce nom d'élection vient de ce que, dans le principe, les magistrats qui composaient ces tribunaux étaient élus par le peuple; ils connaissaient de l'assiette des tailles, aides et autres impositions et levée des deniers royaux. En 1789, chaque élection se composait de deux présidents, d'un lieutenant, d'un assesseur, d'un procureur du roi, d'un greffier, de plusieurs huissiers et procureurs, et de conseillers en nombre variable selon l'importance du ressort de l'élection.

La Prévôté comprenait une circonscription territoriale dans laquelle s'exerçait la juridiction du prévôt, magistrat qui cumulait à l'origine les fonctions civiles, militaires et judiciaires, pour n'exercer ensuite qu'un droit de juridiction en première instance dans toutes les matières civiles, personnelles, réelles et mixtes entre roturiers et pour tous les délits qui n'étaient pas réservés aux baillis et aux sénéchaux. Les prévôtés ont été supprimées par un édit de Louis XV du mois d'avril 1749, et les fonctions des officiers qui y siégeaient furent réunies à celles des bailliages, des présidiaux ou des sénéchaussées.

On entendait par Bailliage l'étendue d'un territoire soumise à la juridiction du bailli. C'est sous le règne de Philippe-Auguste que furent institués les baillis royaux, officiers dont les fonctions consistaient à rendre la justice, à percevoir les impôts et à veiller aux divers détails de l'administration, mais leurs attributions diminuèrent successivement par suite de la création de charges nouvelles.

On appelait Grenier à sel les tribunaux institués le 20 mars 1342 pour les jugements en première instance des contraventions en fait de gabelle (impositions sur le sel). On appelait de ces tribunaux devant la Cour des Aides. Un président, un grènetier, un contrôleur, un avocat, un procureur du roi, des greffiers, des huissiers et des sergents composaient le personnel des greniers à sel qui furent supprimés en 1790.

Le Diocèse, on le sait, désigne une circonscription soumise à la juridiction ecclésiastique d'un évêque ou d'un archevêque.

L'Archidiaconé comprenait l'étendue de territoire soumise à la juridiction de l'archidiacre, l'un des principaux dignitaires de l'Église, qui devint, par la suite, le principal dignitaire du diocèse après l'évêque. Il avait la surveillance des paroisses et l'administration de la justice civile et ecclésiastique.

Quant au Doyenné, il était formé, comme aujourd'hui, d'un certain nombre de paroisses soumises à la surveillance d'un doyen. Toutefois, il y a cette différence qu'actuellement le doyen réside au chef-lieu de canton, tandis que sous l'ancienne monarchie le doyen rural ou doyen de chrétienté ne demeurait pas toujours au chef-lieu du doyenné. Il pouvait être choisi parmi les curés habitant l'une des paroisses du doyenné. Plusieurs curés de Démuin furent revêtus du titre de doyen.

On sait qu'une Commune — appelée autrefois paroisse — comprend un chef-lieu, les hameaux qui en dépendent et tout le territoire avoisinant, tels que champs, prés, bois, etc. ; elle est administrée par un maire, assisté d'un ou de plusieurs adjoints et d'un conseil municipal nommé par les électeurs.

Démuin forme une commune qui a pour annexe le hameau de Courcelles ; elle est administrée par un maire, un adjoint et dix conseillers municipaux.

Après la création des départements en 1790, Démuin fit d'abord partie du canton d'Harbonnières, puis du canton de Moreuil, dont il est distant de sept kilomètres ; il faut en parcourir vingt-deux pour se rendre à Montdidier, de l'arrondissement duquel il ressort ; vingt et un kilomètres le séparent d'Amiens.

Tout le monde sait aujourd'hui qu'un Canton est une étendue de territoire qui comprend plusieurs communes ; il n'a pas d'administration qui lui soit propre, mais le chef-lieu de canton est le siège de la justice de paix et c'est là que l'on tire au sort. L'Arrondissement, qui se compose de la réunion de plusieurs cantons, est administré par un sous-préfet, assisté d'un conseil d'arrondissement ; le chef-lieu d'arrondissement ou sous-préfecture est le siège d'un tribunal civil de première instance et d'une recette particulière des finances. Enfin le Département est une étendue de territoire formée de plusieurs arrondissements, administrée par un préfet, assisté d'un conseil de préfecture et d'un conseil général élu qui comprend autant de membres qu'il y a de cantons ; le chef-lieu de département se nomme aussi préfecture ; il est le siège de la cour d'assises, de la recette générale des finances, etc.

L'altitude de Démuin, c'est-à-dire son élévation au-dessus du niveau de la mer, est de cinquante mètres.

La superficie territoriale est de 1,122 hectares —

soit 2,660 journaux — dont 864 hectares en terres labourables, 79 en bois, 70 en prés, 23 en marais, 15 en jardins, 19 en friches, rideaux et ravins, 7 en superficies bâties ; le reste est converti en jardins, en chemins, routes, etc.

Le plan cadastral, qui donne l'image du territoire, est divisé en six sections ; je citerai les lieux dits suivants :

SECTION A
Dite du chemin de Corbie.
—

Les Fiefs.
Le Bois des Mottes (défriché).
La Fée.
Le Buisson Louise.
Les Vignes des Plantes.
La Vallée Garin.
La Carrière Clément.
L'Epinette Marcel.
Le Riez Tureux.

SECTION B
Dite de la Chaussée.
—

Le Relet.
Le Fief Falize.
La Vallée Jacques Mercier.
La Rue Caron.
Les Prés enclos.
La Fontaine vermoise.
Le Pré des Aires.
Les Chanvrières de l'hôtel-Dieu.
Les Prés Gros-Bonnet.
Le Pré blanc.
Les Prés du Bosquet.

SECTION C
Dite de Courcelles.
—

Le Pré Monsieur.

La Prairie de Saint-Clément.
La Hallebarde.
Le Bois Nicolas Batel (défriché).
Le Bois du Quesnoy (défriché).
Les Clausiaux.

SECTION D
Dite des Truchintes.
—

L'Epinette.
Le Bois pendu (défriché).
Le Petit Turel.
La Voyette au Beurre.
La Grande Truchinte.
La Petite Truchinte.
Le Bois des Vignes (défriché).
Le Vignoble.

SECTION E
Dite du bois d'Hanon.
—

Le Plan Jean-Jean.
La Vallée Gourlier.
La Moet.
Le Gaugrès.
Le prince Thomas.
La Vallée Corbeau.
Le Trou Saint-Jean.
Les longs Champs.
Le Bois d'Hanon.
Le Cornouiller.
La Vallée Belle-Fille.

SECTION F
Dite des Vignes.
—
Le Fief Morand.

Les Vignes d'Hourges.
La sole du Bois d'Hollande.
La sole du Bois d'Hourges.
Le Pré de la Fontaine.

Je donnerai quelques explications sur plusieurs de ces lieux dits, car je ne veux pas me lancer dans les hypothèses étymologiques de plusieurs d'entre eux.

Les *Prés enclos,* situés sur la rive droite de la Luce, appartenaient aux seigneurs ; ils étaient clos de haies vives et servaient de vivier pour l'élevage du poisson ; en face, sur l'autre rive, se trouve la *Caliche ;* ce dernier mot signifiait, en langue romane, digue bordant une rivière.

Le *Pré Monsieur* était ainsi appelé de ce qu'il appartenait également aux seigneurs ; au milieu de cette prairie, en face de la *demi-lune* se trouve un endroit appelé le *Mont-Taillon.* C'était là, paraît-il, qu'au XIe siècle surtout, alors que la validité des contrats reposait uniquement sur la foi testimoniale, c'était là, dis-je, qu'on avait coutume, le jour d'une convention verbale, de faire venir quelques enfants et quelques jeunes gens ; on leur appliquait une assez forte claque sur la joue pour leur graver dans la mémoire le souvenir de la vente ou de la transaction qui avait lieu en ce moment ; ils servaient ainsi de contrat vivant ; en les souffletant, on leur disait : « Souviens-toi que tu as été frappé pour telle vente de tel à tel. »

La *Hallebarde* s'appelle ainsi de ce qu'un pré affectait la forme d'une hallebarde.

Le *Turel* indique le théâtre d'un combat, d'une bataille, d'une *tuerie.*

Le *Gaugrès* paraît être une corruption du mot

gros grès, en souvenir d'un menhir établi en cet endroit à l'époque préhistorique (?)

Le *Prince Thomas* rappelle le campement des troupes de Thomas de Savoie en 1636.

Le *Bois d'Hanon* tire son nom de l'un de ses propriétaires ; il est désigné sur plusieurs pièces du siècle dernier sous le nom de bois Robert-Hanon. Je trouve un Robert Hanon qui fut le trente-cinquième profès de la Chartreuse de Saint-Honoré lès Abbeville, et devint le vingt-troisième prieur de ce couvent en 1480. Je ne saurais affirmer que ce fût le même personnage.

Comme pour un grand nombre de localités, l'administration communale de Démuin ne date que de la Révolution. Cependant, on voit dans le cartulaire du Paraclet, déposé aux Archives départementales de la Somme, qu'en 1224 Jean, *maïeur* ou maire de Démuin, vend au monastère du Paraclet quinze bonnières de terre pour 340 livres parisis. En 1259, un autre maïeur de Démuin, Robiqueaux, fils de Jean, bailli du même lieu, vend aussi aux religieuses du Paraclet, du consentement de sa femme Helvide, tout ce qu'il possède à Démuin.

Mais le titre de maire, dont il est ici question, n'a de commun que le nom avec celui de chef d'une administration communale ou échevinale ; la charge que remplissaient ces deux maïeurs était toute féodale. Il ne faut donc point rechercher l'acte d'affranchissement de Démuin, puisque ce village n'a jamais été érigé en commune.

Primitivement, les fonctions de maire ne concernaient que les affaires privées, et répondirent d'abord à celles de régisseur ou d'économe. Plus tard, cette espèce d'intendance passa des maisons royales dans celles des seigneurs, dont la condition différait si peu de l'état des rois.

« Les barons, occupés de leur gouvernement politique et des guerres qu'ils se faisaient entre eux, négligèrent l'administration de leurs biens ; pour remédier à cet inconvénient, ils choisirent parmi les hommes de leur dépendance des vice-gérants, qu'ils revêtirent du double caractère d'intendant et de juge, et qu'ils qualifièrent, comme les économes royaux, de *maïeurs, viguiers* ou *vicaires*. Ces maires, chargés du soin des affaires de leurs maîtres, avaient l'administration des villages dont ceux-ci étaient seigneurs, et jugeaient les causes légères entre les serfs qui en dépendaient. Ils étaient à leurs seigneurs ce que les vicomtes étaient aux comtes, les vidames aux évêques ; et voilà pourquoi on leur donnait aussi le nom de viguiers ou vicaires, comme aux vice-gérants des comtes. Bientôt cet office suivit le sort des offices primitifs de vicomtes : il s'inféoda. Le maire devint un nouveau vassal pour son seigneur ; il en reçut une maison d'habitation et une certaine étendue de terre, qu'il tint de lui à foi et hommage ; sa dignité s'appela mairie, et son domaine fut un fief de mairie, avec droit de moyenne ou basse justice. A la mort d'un maire, le seigneur dominant nommait ordinairement à sa place un des enfants du défunt, et, s'il n'en avait point, un de ses frères. Peu à peu, les mairies se perpétuèrent dans les familles. comme les anciens bénéfices militaires ; et, enfin, elles devinrent héréditaires. Dès le commencement du xiiie siècle, on trouve des maires vendant leur mairie, comme chose à eux appartenant, avec tous les droits qui en dépendent, et qu'ils déclarent posséder par droit d'hérédité, leurs enfants s'obligeant de garantir cette aliénation envers et contre tous. » [1]

Ainsi, Démuin, moins favorisé que d'autres localités plus petites, ne jouit point des bienfaits de l'affranchissement. A ce propos, il est bon de dire un mot de ce grand mouvement qui s'accomplit au moyen âge.

Vers le milieu du XIIe siècle, un souffle de liberté passa sur les villes du nord de la France ; elles s'insurgèrent pour se soustraire à l'autorité de leurs seigneurs afin de se gouverner par elles-mêmes. C'est qu'en effet, les seigneurs s'étaient rendus odieux à peu près partout par l'oppression qu'ils exerçaient sur leurs sujets. La légalité n'existait point ; le caprice et l'arbitraire du maître faisaient toute la loi. La féodalité reçut à cette époque un coup terrible.

Des villes, ce mouvement, que les rois favorisaient sur les terres des seigneurs, mais qu'ils ne toléraient point sur les leurs, il passa à de simples villages ; il n'y eut point si infime localité qui ne voulût obtenir son affranchissement.

Voici ce qui se passait bien souvent. Les habitants d'un village fomentaient une insurrection contre le seigneur, qui, s'il était plus faible, cédait les droits qu'il avait sur eux moyennant une concession ; un acte, rédigé sur parchemin, signé par le seigneur et les habitants, réglait les attributions des nouveaux magistrats : cet acte était la charte de commune.

Quand les habitants n'avaient pas recours à la violence pour arracher leur charte d'affranchisse-

---

1. C. Leber, *Histoire critique du pouvoir municipal*, p. 199.

ment, ils l'achetaient au seigneur s'il avait besoin
d'argent pour prendre part aux croisades ou pour
toute autre cause.

Mais, en affranchissant les communes, les seigneurs se réservaient partout un certain nombre de
droits, et la liberté qu'ils accordaient était loin de
répondre à l'idée que l'on se forme aujourd'hui de
ce mot. Néanmoins, c'était un progrès considérable
en présence du servage qui attachait l'homme à la
glèbe comme une bête de somme et en faisait
l'esclave de la terre.

Un certain nombre de localités de la Picardie
s'érigèrent en commune de très bonne heure; ainsi,
pour le Ponthieu seulement, on comptait déjà douze
chartes de commune en 1221.

L'organisation des communes variait d'une localité à l'autre ; toutefois, d'après les chartes du
Ponthieu, les communes votaient leurs impôts,
levaient des milices, administraient la justice,
avaient la surveillance des voies publiques et percevaient les taxes municipales.

Grâce à cette institution, les roturiers avaient le
droit de travailler pour eux-mêmes, de disposer de
leurs biens, d'hériter et de transmettre par héritage
leur avoir à leurs parents ou à leurs enfants.

Le maïeur ou maire était le premier magistrat de
la commune ; il était élu tous les ans par les échevins, appelés aujourd'hui conseillers municipaux,
qui l'assistaient dans ses fontions ; les échevins
étaient nommés par les habitants.

Ainsi, chacune des localités affranchies faisait
d'elle une petite république ayant ses lois, ses
magistrats et ses soldats.

Il faut bien se garder de confondre la communauté

avec la commune jurée du moyen âge ; celle-ci, qui formait une exception, devait son établissement à un contrat intervenu entre le seigneur et les habitants. La communauté, au contraire, existait depuis les temps les plus reculés ; elle ne présentait point, il est vrai, de caractère public et n'avait pas de magistrats, mais elle nommait ses agents, tels que procureurs, gardes, pâtres, etc.

Sous le règne de Charles V, la communauté obtint le droit d'élire ses asséeurs et les collecteurs des aides.

Au xvi⁰ siècle, des droits nouveaux lui sont concédés, et, à partir de cette époque, sa situation est mieux définie ; elle est admise enfin à faire entendre ses vœux et à prendre part à l'assiette des impôts.

Le chef de la communauté, nommé pour un an, s'appelait syndic. C'était un simple agent, n'ayant ni prestige ni prérogative ; il n'avait de pouvoir que celui qui lui était donné par les habitants, lesquels pouvaient le révoquer. Plus tard, ses attributions s'étendirent davantage, mais il n'eut jamais qu'une autorité fort précaire.

Les assemblées des habitants avaient lieu certains dimanches de l'année à la sortie de la messe ou des vêpres. Elles se tenaient en plein air, auprès de l'église, « et là, soit debout soit assis sur les murs du cimetière ou sur le gazon, dit M. Babeau, les hommes se groupaient autour du syndic, qui leur exposait la question sur laquelle ils devaient exprimer un avis ; ils délibéraient ensuite, souvent d'une manière simple et sommaire, quelquefois avec force, et, lorsque leur délibération était terminée, ils votaient à haute voix, soit pour la décision à prendre soit pour l'élection des agents et des employés de la communauté. »

Les lois ou certains avis intéressant les habitants étaient lus au prône ou à la porte de l'église. Un reste de cette coutume s'est perpétué à Démuin jusque dans le premier quart du XIX⁰ siècle ; à l'issue de la messe, une cloche était tintée pour appeler les habitants ; le maire donnait ou faisait donner lecture des lois et des arrêtés préfectoraux.

Le syndic n'établissait aucun budget ; il se bornait à faire connaître les dépenses, qui étaient approuvées ou repoussées par les habitants réunis en assemblée générale. Ces dépenses, acquittées le plus souvent à l'aide des revenus de la communauté, étaient nécessitées par l'entretien de la nef de l'église, de l'horloge du clocher, du presbytère, du mur du cimetière, de l'école et des frais du tirage de la milice.

Le maître d'école, le messier (garde-champêtre), le pâtre et le berger étaient élus par les habitants ; les trois derniers étaient payés en blé par les propriétaires en raison de la quantité de leurs terres et de leurs bestiaux.

CHAPITRE II

LE CHATEAU

Les premiers châteaux, qui n'étaient que de
simples tours élevées sur des buttes et défen-
dues par un petit fossé, furent construits sous la
dynastie mérovingienne, après que les seigneurs en
eurent obtenu l'autorisation des rois, car, à cette
époque, on n'établissait de forteresses que par
suite de concessions. Le Salomon de la France,
Dagobert Ier, n'accorda même la faculté de construire des châteaux forts qu'à une distance de
quatre lieues des villes, afin d'épargner à celles-
ci les brigandages des grands. Mais n'était-ce pas
protéger, de la sorte, les villes au détriment des
villages, où les seigneurs se rejetaient pour com-
mettre leurs pillages ?

Bien souvent, à l'endroit le plus élevé de chaque
village franc se voyait la demeure du seigneur, le
château avec ses dépendances.

Au milieu d'une enceinte plus ou moins vaste,
entourée de palissades et de fossés, s'élevait la
forteresse, que l'on appela plus tard le donjon et
qui servait d'habitation au chef ; elle était construite

en pierres et en bois, surmontée d'une *guette*, permettant de découvrir au loin.

Avant de construire cette forteresse, on creusait un large fossé autour de l'emplacement qu'elle devait occuper pour qu'elle fût plus élevée ; un pont de bois, facile à couper, donnait accès à cette demeure.

En dehors du fossé, mais dans l'enceinte, on construisait les cuisines, les écuries, les hangars, en un mot toutes les dépendances nécessaires. On y voyait aussi les maisons des guerriers, compagnons du chef, que celui-ci réunissait de temps à autre dans une grande cour située au centre de la forteresse quand il projetait une expédition ou une attaque.

Les nobles, un instant contenus par le puissant empereur des Francs, — « Charles à la Barbe fleurie », comme disent les poètes du moyen âge, — profitèrent de la faiblesse de ses successeurs pour élever des forteresses dans le but d'arrêter le flot envahisseur des Normands. Charles le Chauve n'avait point de ressources militaires suffisantes pour résister à ces invasions : il autorisa les seigneurs à exécuter dans leurs domaines les travaux de défense qu'ils jugeraient nécessaires. C'est là l'origine du droit de forteresse que les nobles n'ont jamais cessé de réclamer pendant le cours du moyen âge et que les rois ont eu tant de peine à leur arracher.

Mais bientôt, Charles le Chauve, irrité des crimes commis par la noblesse, exigea que toutes les forteresses fussent démolies, car, suivant un capitulaire de 864, ce n'était plus que « des retraites de voleurs qui répandaient la désolation dans tout le voisinage ».

Vers le XII° ou le XIII° siècle, le château de Démuin dut faire place à une autre forteresse plus considérable, construite en pierre blanche. Son importance nous est révélée par un passage des chroniques d'Enguerrand de Monstrelet qui nous apprend qu'en 1419 ce château, appartenant à Colart de Calleville, opposait une sérieuse résistance aux soldats bourguignons dans la guerre fratricide livrée entre eux et les partisans du dauphin. En 1422, les Anglais, alliés aux Bourguignons, remportèrent quelques succès ; la crainte se mit dans les rangs de l'armée du dauphin, et les partisans de ce dernier, restés jusqu'alors fidèles à sa cause, rendirent leurs forteresses. Démuin suivit l'exemple des autres places, et, comme elles, il subit le même sort : les vainqueurs démolirent son château fort.

Quelques années plus tard, Hector de Flavy, alors seigneur de Démuin, voulut faire reconstruire une forteresse digne de son nom et de sa puissance. Pour la rendre presque inexpugnable, il en changea l'emplacement et la fit élever sur un monticule qui n'avait aucun accès avec le dehors. Il ne se contenta point de cette admirable situation naturelle ; il fit exécuter de mains d'hommes un travail gigantesque en faisant surélever ce monticule, qui offrit alors l'aspect d'un pain de sucre. C'est sur cette espèce de cône que s'éleva le nouveau château de Démuin, qui resta debout jusque dans les premières années de notre siècle.

J'ai connu quelques-uns des vieux habitants de Démuin qui se rappelaient encore parfaitement bien la disposition de cette forteresse. Au reste, les constructions de ce genre, élevées au XV° siècle, se ressemblaient à peu près toutes. Ce n'est donc

point une description fantaisiste que je vais faire
du château de ce village. En histoire, il faut être
exact et se défier de l'imagination, que l'on a sur-
nommée « la folle du logis. »

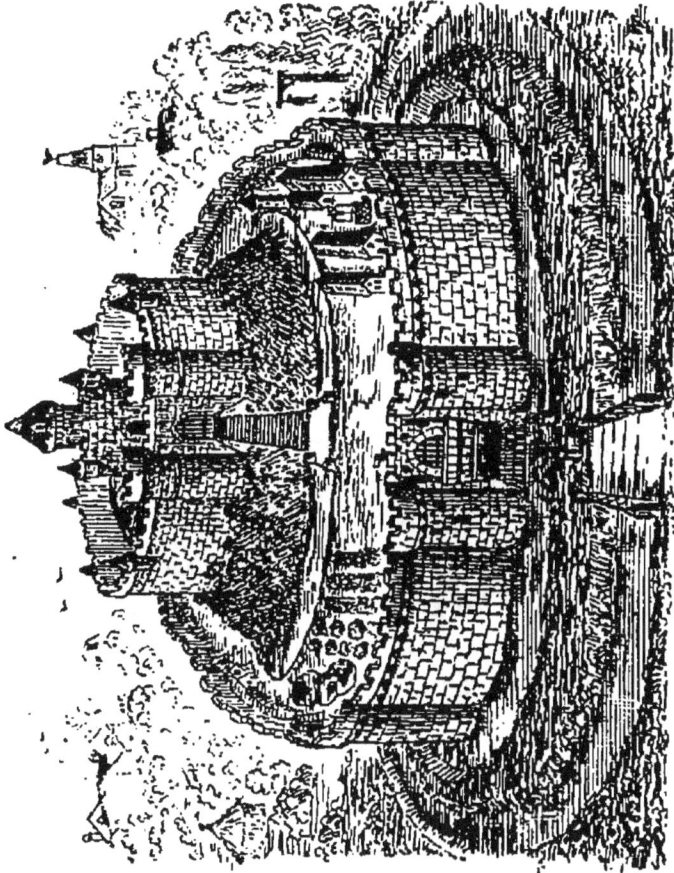

FIG. 29. — Forteresse féodale. (Reconstitution du château de Démuin.)

La porte de cette sombre forteresse, couverte parfois de têtes de loups et de sangliers tués dans les
bois voisins, était flanquée de deux grosses tours
couronnées d'un haut corps de garde et reliées
entre elles par des courtines. Voulait-on entrer

dans le château ? Une énorme grille en fer, appelée herse, en interdisait le passage ; il fallait d'abord décliner ses noms et ses titres ; la herse remontait alors dans ses rainures en produisant un bruit assourdissant.

Deux enceintes, deux fossés et deux ponts-levis devaient être successivement traversés. Après avoir franchi la première enceinte, on se trouvait dans la grande cour carrée, où se voyaient, d'un côté, les citernes et les communs, c'est-à-dire les écuries, les remises, les poulaillers, les colombiers, etc ; de l'autre côté se voyaient les jardins et le vivier.

De cette cour, pour arriver au château, on traversait un second fossé, plus profond et plus large, en passant sur un magnifique pont de grès composé de trois arches, que l'on voyait encore au commencement de notre siècle, mais cette entrée était réservée aux seuls habitants du château. Une seconde entrée, spéciale aux étrangers, se trouvait un peu plus loin. Après avoir traversé le second fossé, l'on avait à gravir un large escalier en grès, composé de soixante-dix-sept degrés pour arriver à la porte, située entre deux grosses tours et défendue par une herse.

Au milieu de cette seconde cour, appelée « cour d'en haut », se trouvait le château. C'était un énorme édifice massif, rond, sans architecture, composé de trois étages, entièrement construit en grès rouges semblables à ceux du soubassement de l'église.

Sous le château étaient les caves ; au-rez-de-chaussée, les logements ; au premier étage, les magasins, les saloirs et les arsenaux. Le soleil et le jour ne pénétraient à l'intérieur de cette forteresse que par des ouvertures étroites et irrégulières

percées du côté de la cour seulement ; elles affectaient la forme ogivale et contenaient des vitraux
peints semblables à ceux des églises.

Au centre de cette forteresse, et la dominant, se
trouvait une grosse tour ronde, aux fenêtres étroites
et rares ne laissant pénétrer à l'intérieur qu'un
jour incertain : c'était le donjon, renfermant les
archives et le trésor ; il servait de refuge à la
garnison lorsqu'elle se voyait forcée dans ses
premiers retranchements.

Quoique les murs du château et ceux du donjon
eussent plus de deux mètres d'épaisseur, ils ne s'en
trouvaient pas moins revêtus jusqu'à mi-hauteur
d'une épaisse chemise ou second mur en pierres de
taille.

Les tours, les murs et les combles étaient garnis
de créneaux servant à protéger les assiégés contre
les traits du dehors, et de machicoulis, espèce de
parapet percé à jour dans sa partie inférieure permettant de lancer des pierres, de l'huile bouillante,
des tisons enflammés ou de la poix fondue au pied
des murs. A l'angle des courtines et au sommet des
murs se trouvaient des échauguettes, sorte de
guérites en encorbellement destinées aux guetteurs
de nuit ; enfin, des chemins de ronde étaient établis
au sommet des combles.

Au-dessous des tours et à l'intérieur de la
première enceinte avaient été creusés des souterrains servant de prisons ou de magasins pour les
approvisionnements. Parmi les prisons, les unes,
situées au niveau du sol, tiraient leur jour par des
créneaux percés dans l'épaisseur des murs. Le
cachot se trouvait à la base de la tour principale ;
il était maçonné et voûté en pierres de taille ; une

très faible lumière, venant du haut, y pénétrait par une ouverture oblique ; on levait une large dalle et on passait une corde sous les aisselles du malfaiteur pour le descendre au fond de la tour ; il avait pour tout mobilier quelques brins de paille et un vase rempli d'eau ; pour nourriture, un morceau de pain. Lorsque ce malheureux sortait du cachot, c'était pour marcher au supplice.

Les plus horribles prisons, appelées oubliettes, étaient creusées fort profondément à la base d'une autre tour. Au fond grouillaient des animaux immondes ; les coupables qui s'y trouvaient renfermés n'y recevaient ni l'air, ni la lumière, ni aucun écho des bruits du monde : c'était la nuit et le silence éternels. Et souvent un simple délit ou même un caprice du seigneur suffisait pour que le serf fût jeté dans les oubliettes, ou au fond du cachot.

A la base du donjon se trouvait une ouverture donnant communication à de profonds souterrains, — que l'on voit encore, — maçonnés et voûtés en pierres de taille dans tout leur parcours. Lorsque la première enceinte était forcée par l'ennemi, la garnison se retirait dans le donjon pour résister aux assaillants, et, quand la résistance devenait impossible dans ce dernier retranchement, les soldats s'enfuyaient avec leur maître et sa famille par les souterrains.

C'est en 1865, lors de la démolition de l'ancienne cuisine du donjon, servant jusqu'alors d'école pour les filles, que l'on découvrit une partie des souterrains ; ils présentent la forme d'un T ; un escalier, composé de trente degrés, y donne accès. Cette galerie est divisée en plusieurs chambres, et la voûte de la troisième chambre est du même niveau que le sol de la seconde; un escalier, composé de onze degrés, les met en communication : au-dessus de cet escalier, on compte onze arceaux égaux aux degrés.

Ces souterrains sont, dit-on, à plusieurs étages ; il paraîtrait que des galeries inférieures donnent issue dans la plaine, vers le *Bois des Vignes*. Enfin, d'après une tradition que, bien des fois, j'ai entendu raconter, un souterrain doit communiquer avec ceux du Quesnel. Toutefois, ce qu'il y a de certain, c'est que la place publique et les alentours du château sont sillonnés de galeries maçonnées en pierres de taille.

Il n'est pas possible de déterminer l'époque à laquelle furent creusés ces souterrains, qui n'ont pas été établis dans le but de servir de refuges ou de caves d'approvisionnement. La construction des églises, celle des châteaux et de leurs murs de défense nécessitèrent l'emploi d'une quantité considérable de pierres ; on les trouva sous le sol, ce qui permit aux ouvriers de travailler à ciel couvert pour être à l'abri de l'intempérie des saisons. Telle est, pour moi, l'origine de la plupart des souterrains, qui, plus tard, ont pu être utilisés en temps de guerre, après qu'on les eût agrandis.

Je ne partage donc point l'opinion de certains archéologues qui prétendent que, — sauf de rares exceptions, — ces cavités furent creusées notamment pendant les invasions normandes et pendant les guerres du xviiᵉ siècle dans le but de les faire servir de refuges et de caves d'approvisionnement. J'admets tout au plus qu'elles ont pu servir temporairement à cette fin, mais je doute qu'elles aient été creusées dans cette intention. Les hommes et les animaux ne pouvaient y trouver qu'un abri provisoire, car, outre que l'air leur eût fait défaut, leur présence n'aurait point manqué d'être observée des ennemis, qui se seraient empressés de les enfumer, de sorte que le remède aurait été aussi funeste que le mal.

L'abord du château de Démuin était défendu à l'est et au nord par la rivière et par des marais ; un ouvrage de fortification demi-circulaire, appelé demi-lune, s'élevait au sud-est ; on conserve encore aujourd'hui la dénomination de *Demi-lune* à une sole du terroir située entre le cimetière et le *Pré Monsieur*.

Les deux fossés qui entouraient les deux enceintes étaient alimentés par l'eau de la rivière. On peut encore aisément se figurer l'importance du fossé qui entourait le château en tenant compte toutefois des remblais produits par le temps et par la main des hommes. Aujourd'hui, en certains endroits, sa largeur d'une rive à l'autre n'a pas moins de trente mètres ; sa profondeur est d'égale dimension.

Le bourgeois Scellier, de Montdidier, écrivait en 1739 : « Le château de Démuin est une ancienne forteresse qui a servi à défendre le passage de la rivière. La profondeur de ses fossés, la hauteur et l'épaisseur de ses murailles et ses beaux souterrains multipliés et très étendus font connaître qu'il était capable d'arrêter et d'occuper même quelque temps un parti considérable de troupes. »

Maintenant que l'on connaît l'aspect sombre et menaçant qu'offrait le manoir seigneurial de ce village, pénétrons à l'intérieur et voyons ce qui pouvait s'y trouver.

Les appartements, pavés en carreaux de plusieurs couleurs, étaient nombreux et très vastes ; ils ren-

fermaient de grands meubles de toute espèce :
guéridons, armoires, bahuts ornés de sculptures
ou de bas-reliefs figurant l'enfer et le purgatoire,
coffres rouges, miroirs de verre et de métal, fauteuils couverts de tapisseries. bancs de six mètres
de long avec housses traînantes, lits de plus de
quatre mètres de large; telles étaient les principales
pièces d'un mobilier dont les proportions parai-
traient aujourd'hui bien exagérées.

Toutes les chambres étaient voûtées en pierres
de taille ; des filets et des fleurs en incrustations
d'étain ornaient les piliers soutenant les grosses
poutres. Sur les murs se voyaient des personnages
peints en grandeur naturelle, portant dans les
mains ou tenant à la bouche des banderoles sur
lesquelles se lisaient des sentences, des maximes
ou quelques parties du texte de l'Écriture.

Si les différentes salles du château étaient
immenses, les dimensions de la cuisine ne leur
devaient rien, car la cheminée ne mesurait pas
moins de quatre mètres de large. Le mobilier était
en rapport avec ces dimensions exagérées puisque
les chenêts pesaient plus de cinquante kilogrammes.
les pots de cuivre, quinze kilogrammes, et les broches
cinq ou six kilogrammes. On rôtissait à la fois deux
ou trois veaux, trois ou quatre moutons, outre une
assez grande quantité de gibier et de volaille.

Les nobles, les écuyers, les pages, les veneurs,
les fauconniers, les serviteurs, les valets, les
ouvriers, les jardiniers, les gardes, les concierges,
les portiers, les gens de l'office, etc., ne suffisaient
point à consommer toutes les victuailles apportées
au château par les tenanciers du seigneur. Il
accourait des parents, des amis. des pèlerins, des

voyageurs qui séjournaient plus ou moins longtemps. Les caves, les celliers, les fruitiers, les
huches s'emplissaient et se vidaient sans cesse.

Au moyen âge, les dîners constituaient l'une des
fêtes les plus recherchées de la vie civile; chez les
personnages de haut rang, c'était toujours une
véritable cérémonie d'apparat. D'une trappe pratiquée dans le plafond de la salle à manger, des
machines descendaient les plats et même la table
entièrement garnie. « Quelquefois aussi, dit M. Ch.
Louandre, les différents services étaient apportés
sur de petits chariots richement décorés et ornés
d'armoiries qu'on faisait marcher seuls par des
moyens mécaniques dont la vue était dérobée aux
convives. Tout ce qui pouvait distraire, égayer,
étonner les assistants était mis en usage. Tantôt
des ménestrels venaient chanter les chansons des
Seigneurs anchiens, tantôt on jouait des *mystères*
ou des *farces.* »[1]

« Jusqu'aux croisades, dit M. A. Rambaud, dans
son excellente *Histoire de la civilisation française*
(t. Ier, p. 433), l'ameublement même dans les châteaux des seigneurs fut des plus simples : tables
de bois, en fer à cheval pour les festins; bancs et
escabelles de bois; lits étroits, remplis de paille;
grands coffres en osier, en bois, recouverts d'une
peau de vache, pour serrer les vêtements et les
objets précieux. Le seul luxe consistait dans des
pièces d'orfèvrerie ou d'argenterie d'un assez grand
poids, mais d'un travail grossier.

» Après les croisades, les murailles des appartements sont tendues de cuirs vernissés, gaufrés et

1. *Les arts somptuaires,* p. 291.

dorés, dits cuirs de Cordoue, d'étoffes d'Orient, de
toiles peintes, auxquelles succéderont les tapisseries
de *haute lisse*. Dans les fenêtres ogivales s'en-
cadrent les vitraux coloriés comme ceux des églises
et réunis par des soudures de plomb ou d'étain..
Les *chaires* ou chaises, qui sont des fauteuils, se,
recouvrent de riches étoffes, sur lesquelles on a
brodé des armoiries; elles sont surmontées de dos-
siers et de dais, et prennent des proportions monu-
mentales. L'architecture ogivale prête ses motifs à
l'ameublement. Sur les tablettes des grands *dres-
soirs* s'étalent la vaisselle précieuse, les aiguières,
les flacons, les drageoirs à épices, les salières mo-
numentales en or ou en vermeil, ornées de figures
d'hommes ou d'animaux, enrichies de diamants et
de pierreries. D'autres buffets plus petits s'élèvent
près de la table : la *crédence* pour recevoir les plats
et les assiettes de rechange, l'*abace* pour les hanaps,
les verres et les coupes. Les anciens coffres devien-
nent des *bahuts* richement travaillés. Sous les
hautes cheminées à manteau sculpté sont les grands
landiers ou chenêts en fer forgé et ouvragé sur
lesquels s'entassent les bûches énormes. Les lits
sont entourés de *courtines* ou rideaux, surmontés
de baldaquins, garnis d'oreillers, couvre-pieds,
courte-pointes, couvertures. Ils sont parfois larges
de six pieds. Chez les paysans et les petits bourgeois, souvent les parents et les enfants couchaient
dans le même lit; chez les seigneurs, on invitait
parfois les nobles hôtes à y prendre place aux côtés
des châtelains; les chiens même, ces inséparables
du maître, y trouvaient leur place. Les oreillers
étaient parfumés d'essences, ce qui n'était sans
doute pas inutile. Les draps, comme leur nom l'in-

dique, furent d'abord en drap; ceux de fine toile n'apparaissent qu'avec la chemise...

» L'éclairage est fourni surtout par des lampes à pied ou suspendues, avec des mèches de chanvre, comme on en voit encore dans nos campagnes. Pourtant il existe déjà des corporations qui fabriquent des cierges de cire, des chandelles de suif; c'est le luxe des grandes maisons. Enfin, pour ajouter à l'éclat des festins, souvent des serviteurs ou des hommes d'armes se tiennent debout autour de la table avec des torches de résine, comme de vivants candélabres. »

Veut-on savoir maintenant comment se passait la vie de ceux qui habitaient les châteaux dans le cours du moyen âge? La plupart du temps, leur existence s'écoulait monotone. Le dîner avait lieu à midi et le souper à la brune. Le matin, les écuyers, les pages, les piqueurs s'exerçaient avec leurs chevaux ; ils assaillaient ou défen-

FIG. 30. — Chevalier armé pour le combat.

daient un tas de fumier ou de terre avec leurs longues piques ferrées ; en un mot, ils faisaient l'apprentissage de la guerre, qui se produisait si souvent alors, surtout entre seigneurs voisins.

Après le dîner, le temps était consacré aux jeux

de barres, de quilles, de palet, etc. S'il faisait mauvais, les nobles châtelains avaient d'autres distractions : c'étaient les papegais, les singes et le fou qui
servaient à l'amusement de leurs maîtres. Le soir,
s'il ne se trouvait point d'étrangers, le chapelain
faisait une lecture ou égayait son auditoire par
quelques nouvelles ou quelques fabliaux.

C'était toujours une bonne fortune pour le châtelain, la châtelaine et leur famille lorsqu'il passait
un pèlerin ou un chevalier de Rhodes, dont la source
des contes ne tarissait ja-
mais, car, habitués qu'ils
étaient à parcourir ainsi le
monde, ils avaient beau-
coup vu et beaucoup re-
tenu. Souvent aussi pas-
saient des ménestrels, des
joueurs de vielle, des sau-
teurs, des jongleurs, toujours fort bien accueillis.
Des concerts de harpes,
de luths, de tambours, de
sonnettes, de rebecs, de
flûtes, de chalumels, de
trompes, de trompettes,

FIG. 31. — Châtelaine et sa suivante.
(Fin du XVᵉ siècle.)

coupaient agréablement de temps à autre la monotonie de la vie des châteaux.

Parfois, au milieu de ces distractions, pendant le
dîner ou dans le calme de la nuit, la cloche du guet
se faisait entendre. Aussitôt, et de toutes parts,
retentissaient de formidables clameurs. A l'instant,
les portes étaient fermées, les herses abattues, les
ponts-levis relevés ; on se précipitait dans les chemins de ronde, aux créneaux, aux machicoulis, aux

arsenaux, aux écuries : toute la garnison se tenait sous les armes. Souvent, c'était une fausse alerte occasionnée par quelque seigneur ombrageux du voisinage, qui avait cru être attaqué et qui prenait les devants pour un motif futile. Mais parfois aussi c'était une attaque sérieuse, et chacun alors faisait son devoir.

« Il faut le répéter sans cesse, dit M. Paul Lacombe dans sa *Petite histoire du peuple français* (3ᵉ éd., p. 78), les seigneurs étaient comme autant de rois ; ils se faisaient la guerre comme se la font encore les rois, mais bien plus souvent. Il était rare que chacun de ces roitelets fût en paix avec tous ses voisins. »

CHAPITRE III

LA SEIGNEURIE

—

IL est une institution qui, pendant bien des siècles, a partagé avec l'Église l'empire du monde ; j'ai nommé la féodalité.

Pour bien comprendre le régime féodal, il est nécessaire de remonter à son origine.

Les bandes germaines qui ont envahi la Gaule s'attachaient à la fortune d'un chef ou roi. Elles partageaient avec lui les dépouilles du champ de bataille, le butin du pillage, et s'engageaient à le suivre partout à la condition qu'il leur donnerait une partie des terres conquises. Cette convention fut exécutée de point en point dans la Gaule. Les princes francs, mérovingiens et carlovingiens donnèrent à leurs guerriers, à titre de solde, et sous le nom de bénéfices, une partie des terres des vaincus ; mais, à force de donner, ils se trouvèrent dépouillés.

En même temps que les bénéficiers se substituaient comme propriétaires à la couronne, les comtes, les centeniers et autres officiers royaux préposés à l'administration, s'emparaient dans leurs ressorts des attributs de la souveraineté, ce qui leur était facile, le pouvoir central n'étant plus qu'un souvenir.

De cette double usurpation sont sortis à la fin du IX⁰ siècle les principautés connues sous le nom de fiefs, et le pouvoir nouveau connu sous le nom de seigneurie. Mais, en mémoire de la donation première, le fief, en quelque main qu'il passât, était toujours regardé comme tenu du roi, et, par cela même, les détenteurs des fiefs devaient au roi la foi et l'hommage. Tel est, réduit à sa plus simple expression, le point de départ du régime féodal.

La terre, sous l'ancienne monarchie, n'était point classée comme aujourd'hui, d'après sa force productrice ; elle se divisait en terre noble, terre tenue en roture et franc-alleu. En règle générale, la terre noble était celle qui dépendait d'un fief et dont un autre fief dépendait ; la terre tenue en roture était celle qui dépendait d'un fief, mais dont aucun fief ne dépendait, et le franc-alleu, la terre libre qui ne dépendait d'aucune autre terre.

Le mot fief vient du latin *feodum,* qui vient lui-même de deux mots tudesques : *fee,* qui signifie foi, et *od,* qui signifie bien, — dans le sens de propriété foncière. Le fief était donc, suivant les termes consacrés au moyen âge, *terra fidelitatis,* c'est-à-dire la terre cédée en échange de la fidélité promise à l'homme de qui on l'avait reçue.

On distinguait deux catégories de fiefs, le *fief servant* ou arrière-fief et le *fief dominant.* On entendait par fief servant le domaine qui avait été détaché d'un autre par vente, cession, héritage ou mariage, et par fief dominant le domaine duquel le fief servant était sorti. Le concessionnaire du fief servant se nommait *vassal* et le propriétaire du fief dominant, *suzerain*. Le plus souvent le même fief était tout à la fois dominant et servant, c'est-à-dire qu'il dépendait du domaine dont il était détaché, et qu'il tenait dans sa dépendance, — dans sa mouvance, comme on disait, — d'autres domaines qui étaient ses propres démembrements.

Le vassal et le suzerain, en vertu de la foi et de l'hommage, étaient liés par la réciprocité des services. Le vassal devait au suzerain le service de guerre, le service de plaids, c'est-à-dire qu'il siégeait comme juge dans les assises de la justice seigneuriale, et de plus il acquittait envers lui la taille aux quatre cas ou aides légales, impôt obligatoire qui était perçu lorsque le suzerain armait son fils chevalier, qu'il partait pour la croisade, qu'il mariait sa fille aînée ou qu'il était prisonnier de guerre, afin de l'aider à payer sa rançon. Le suzerain, à son tour, devait à son vassal aide et protection.

La noblesse se divisait en haute, moyenne et basse noblesse. La première était formée des grands vassaux relevant immédiatement du roi, tels que les ducs, les comtes, les évêques, les abbés et tous ceux enfin qui avaient le roi pour suzerain. La moyenne noblesse se composait des seigneurs qui relevaient des grands feudataires, c'est-à-dire de la haute noblesse. Quant à la basse noblesse, elle comprenait les vassaux et les vavassaux, qui n'avaient aucune juridiction, et des officiers attachés à la personne des seigneurs.

Au-dessous des suzerains et des vassaux, qui formaient l'aristocratie militaire et terrienne, on trouvait dans les fiefs une multitude obscure ; c'étaient les libres, qui n'étaient ni nobles ni serfs ; les hôtes, qui jouissaient d'une certaine liberté et cultivaient les terres des seigneurs, auxquels ils devaient en retour des rentes en argent ou en nature ; ces redevances sont connues sous le nom de droits seigneuriaux ou féodaux, — droits fort légitimes pour la plupart, puisqu'ils représentaient le loyer de la terre concédée primitivement par les seigneurs.

Aux derniers échelons de la société grouillaient les non libres et les serfs ; ils avaient la tête rasée et portaient des vêtements étroits et courts, tandis que l'homme libre laissait pousser ses cheveux et se vêtait d'habits amples et longs.

A cette époque, où l'argent était rare et le commerce à peu près nul, le seigneur n'achetait rien ; il se faisait tout livrer par ceux qui lui payaient redevance pour les terres qu'ils tenaient de lui : fers de cheval, socs de charrue, voitures, meubles et ustensiles même, tout lui venait de cette façon, jusqu'aux matelas et verres ou cornes à boire que, dans certains villages, une jeune fille de dix-huit ans tout juste, ni plus ni moins, devait lui apporter.

Le seigneur, dans sa terre, était à la fois la loi, le juge et le bourreau ; il devait rendre la justice à ses sujets ; c'était pour lui un droit et un devoir ; il est vrai que ce droit lui rapportait souvent beaucoup par suite des amendes et des confiscations prononcées à son profit.

Le seigneur jugeait les serfs dans la cour du château et les vassaux dans la salle. Quant aux hommes libres, appelés *pairs* — qui veut dire égaux — ils étaient jugés par d'autres pairs et par le seigneur aux assises ou plaids qui se tenaient ordinairement tous les quinze jours, ou tout au moins à certaines époques de l'année.

Il y avait trois sortes de justice : la haute, la moyenne et la basse justice. La première entraînait les deux autres ; la moyenne justice donnait à celui qui l'exerçait le droit de basse justice.

Le seigneur haut justicier connaissait de tous les crimes punis par la peine de mort, les mutilations de membres et autres peines corporelles. Pour exercer la haute justice, il devait avoir des juges et autres officiers, un geôlier et de bonnes prisons situées au rez-de-chaussée. Les fourches patibulaires, le pilori ou la potence, dont les bras sinistres agitaient incessamment dans les airs des squelettes cliquetants, étaient situés devant la porte du château ou sur les limites du territoire pour indiquer la juridiction des hauts justiciers. Le gibet du seigneur haut justicier se composait de deux piliers à liens au-dessus et au-dessous, au dedans et au dehors. Outre les amendes, les juges seigneuriaux pouvaient prononcer la peine du carcan, du fouet, de la marque au fer rouge et de l'amende honorable.

Le moyen justicier connaissait des délits dont l'amende en certains cas ne pouvait excéder soixante sous parisis. Quoique ne pouvant jamais infliger de peines corporelles, il n'en possédait pas moins un gibet à deux piliers, dont les liens manquaient par dehors. Pour l'exercice de sa justice, il devait avoir siège notable, juge, procureur fiscal ou procureur d'office, un sergent (huissier), un greffier et des prisons sûres et bien fermées au rez-de-chaussée.

Le bas justicier ne connaissait que des causes civiles et n'avait d'autre puissance judiciaire que d'infliger de minimes amendes ; il n'avait pas droit de poursuite, et, partant, point de procureur fiscal.

Il connaissait de la police, des dégâts causés par les animaux, des injures légères, en un mot, ses attributions étaient à peu près celles des juges de paix actuels.

La seigneurie de Démuin, de la mouvance de la châtellenie de Boves, conférait à son possesseur le droit de haute, moyenne et basse justice. Son gibet, qui en était le sinistre emblème, se dressait en face de la porte du château, au-dessous de l'église, à l'endroit que les plus âgés du village désignent encore sous le nom de carcan.

Comme vassal du châtelain de Boves, le seigneur de Démuin lui devait le respect et le service militaire ; il était tenu envers lui à l'acte de *foi et hommage*. Cet acte était dû toutes les fois que la seigneurie de Boves ou celle de Démuin changeait de maître. Les mêmes obligations étaient imposées aux vassaux du seigneur de Démuin.

Transportons-nous par l'esprit à quelques siècles en arrière, et voyons l'aspect que présentait la cérémonie de l'hommage. Au jour fixé, le seigneur suzerain se rendait avec toute sa maison à l'endroit où la cérémonie devait avoir lieu ; il se tenait fièrement à cheval, l'oiseau sur le poing ; il était richement vêtu et portait un habit armorié mi-partie de de rouge et de bleu.

Arrivé au lieu du rendez-vous, il descendait de cheval et s'asseyait. Toute sa suite se rangeait en cercle derrière lui. Pendant qu'il restait assis et couvert, chacun de ses vassaux se présentait successivement à lui, nu-tête, sans éperons ni épée, et mettait un genou en terre. Le suzerain leur répétait la formule d'usage, qui était à peu près celle-ci :
« Vous reconnaissez être notre homme lige pour

raison de votre château, et vous jurez à Dieu par la foi de votre corps que vous nous servirez comme tel contre tous ceux qui peuvent vivre et mourir, hormis contre le roi, notre sire. » Les vassaux, une main sur les évangiles, répondaient : « Je le jure ! » Le suzerain les baisait à la bouche et ordonnait aux officiers de sa seigneurie de dresser l'acte de cet hommage de bouche et de main, comme on l'appelait.

Il arrivait parfois qu'en cette circonstance certains gentilshommes demandaient à leur suzerain le droit de basse ou de moyenne justice, qu'il s'était réservé sur telle partie de leur fief ; d'autres lui exprimaient le désir qu'ils avaient de faire construire une maison forte avec courtines, tourelles et fossés. Le suzerain faisait souvent droit aux réclamations de ce genre moyennant une redevance qu'il fixait, mais, parmi les concessions qu'il accordait ne figurait jamais le droit d'établir de tours, de donjons ou de girouettes.

Après que les vassaux avaient prêté le serment de fidélité, le suzerain ordonnait aux villageois rassemblés à une certaine distance de s'approcher de lui. Aussitôt ils déposaient autour du maître les différentes redevances auxquelles ils étaient tenus pour les terres relevant de sa seigneurie. Ils apportaient du blé, de l'avoine, de la paille, du fourrage, des volailles, des œufs, de l'argent, du miel, de la cire, des fruits, des légumes, des gâteaux, du beurre, des jambons, des bouquets de fleurs, des chapeaux de roses et mille autres objets.

On voyait aussi s'approcher du suzerain le coureur fieffé de la seigneurie ; puis des tenanciers chargés de faire des grimaces, des sauts ou de chanter une chanson plus ou moins obscène, ou de faire quelque

grossière incongruité ; ces actes tenaient lieu de redevance. D'autres tenanciers s'acquittaient en allant
baiser le verrou de la principale porte du château ;
le maître d'hôtel du seigneur devait tirer les oreilles
ou le nez de quelques tenanciers ; à d'autres, il donnait de petits soufflets. — Comme il l'avait exigé
pour ses vassaux, le suzerain ordonnait que quittance
fût délivrée à ces divers tenanciers.

A cette cérémonie se trouvaient également les
villageois qui étaient obligés de battre l'eau des
fossés pendant le sommeil du châtelain pour faire
taire les grenouilles, celui qui faisait le guet, celui
qui devait entretenir en bon état la porte septentrio-
nale du château, etc., etc.

Toutes les formalités de l'hommage accomplies, le
seigneur faisait signe que tout le monde se rangeât
autour de lui afin que chacun pût entendre les
observations qu'il avait à faire. Bien souvent, il se
plaignait que les amendes pour vols, querelles,
mauvaises paroles, blessures ou autres délits,
devenaient de plus en plus fréquentes, aussi les
exhortait-il tous à être à l'avenir moins violents et
moins querelleurs. Les gens de métier s'entendaient
presque toujours reprocher qu'ils ne confection-
naient point autant d'habits de pages que le
seigneur l'aurait désiré ou autant de chaussures
pour ses gens qu'il l'aurait voulu.

Le suzerain profitait toujours de cette circonstance pour rappeler à l'assemblée que tous devaient
être prompts à prendre les armes quand ses trompettes faisaient la proclamation de guerre, et qu'ils
n'avaient aucun ménagement à prendre pour les
terres et les maisons des serfs du seigneur contre
lequel il guerroyait. Il leur rappelait encore qu'il ne

fallait mettre aucune négligence à reconnaître ses droits et ses rentes devant le notaire, et qu'il leur était interdit de laisser leurs terres en friche pendant plus de trois ans, sinon qu'il userait de son droit en les faisant cultiver pour son compte. Il rappelait enfin aux bourgeois ou *hommes de corps, hommes coutumiers,* qu'ils devaient l'aimer et le lui témoigner, en échange de l'affection qu'il avait pour eux et de la protection qu'il était tenu de leur accorder.

Mais, il faut bien le reconnaître, il y avait souvent des taches à ce tableau, et les choses ne se passaient point toujours aussi paternellement. Bien des seigneurs abusaient de leur autorité, comme on en a de nombreux exemples.

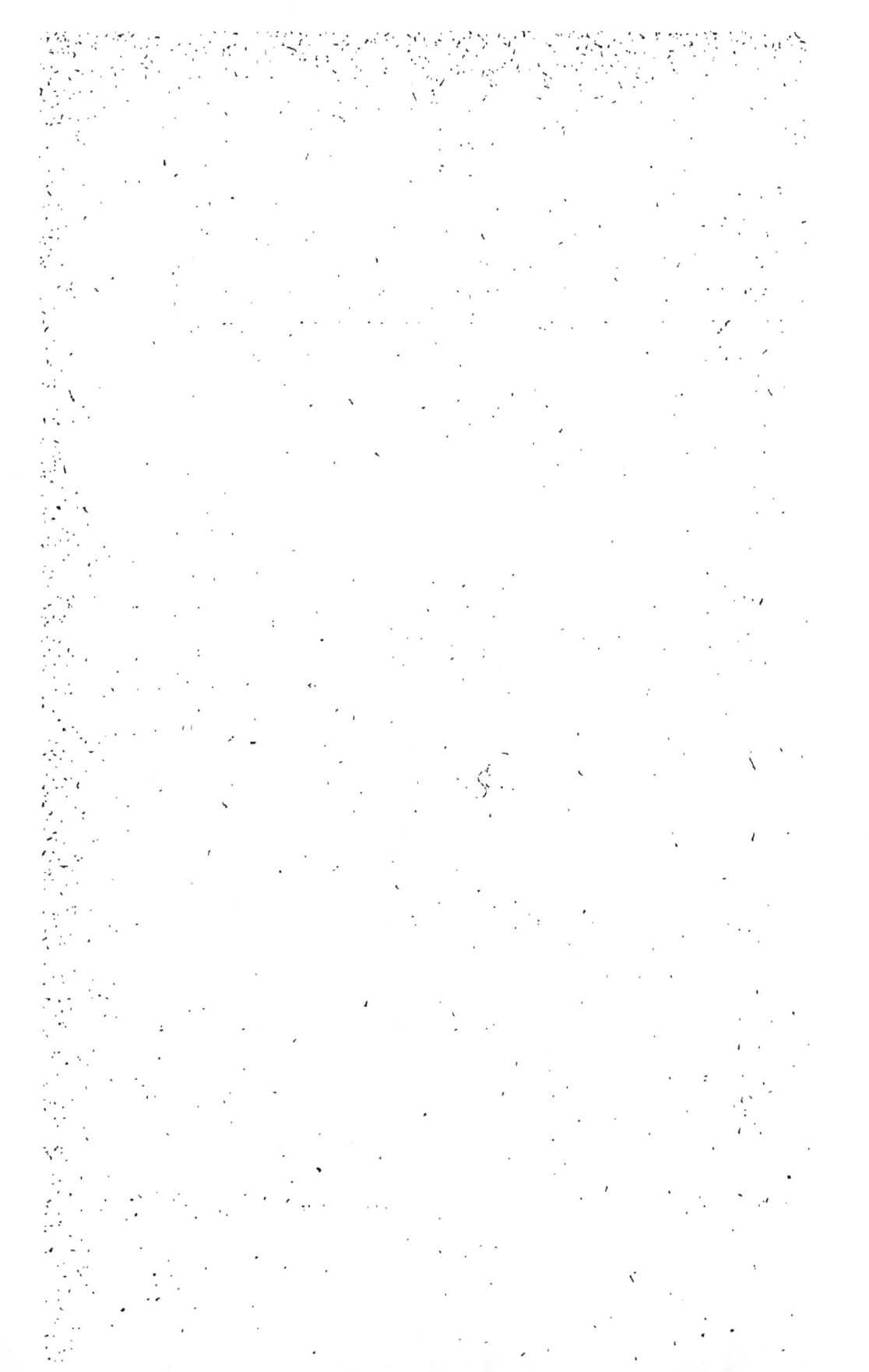

CHAPITRE IV

DROITS FÉODAUX

Nous allons passer en revue quelques-uns des droits nombreux auxquels furent assujettis nos aïeux sous l'ancienne monarchie. Ces droits n'étaient pas les mêmes partout ; cependant, la plupart d'entre eux présentent un caractère général et se retrouvent dans nombre de localités.

Le paysan français a toujours été le même. Passionnément épris de la terre, il sacrifiait toutes ses épargnes pour s'en rendre acquéreur et il achetait à tout prix. Mais, lorsqu'il la possédait, à combien de charges n'était-il pas astreint ! Un savant historien, M. de Tocqueville, les a résumées dans les lignes suivantes, que je lui emprunte :

« Pour l'acquérir, cette terre, il lui faut d'abord payer un droit, non au gouvernement, mais à d'autres propriétaires du voisinage, aussi étrangers que lui à l'administration des affaires publiques, presque aussi impuissants que lui. Il la possède enfin ; il y enterre son cœur avec son grain. Ce petit coin du sol, qui lui appartient en propre dans ce vaste univers, le remplit d'orgueil et d'indépendance. Surviennent pourtant les mêmes voisins, qui l'arrachent à son champ et l'obligent à venir travailler ailleurs sans salaire. Veut-il défendre sa semence contre leur gibier ? Les mêmes l'en empêchent ; les mêmes l'attendent au passage de la rivière pour lui demander un droit de péage. Il les retrouve au marché, où ils lui vendent le droit de vendre ses propres denrées ; et quand, rentré au logis, il veut employer à son usage le reste de son blé, de ce blé qui a crû sous ses yeux et par ses mains, il ne peut le faire qu'après l'avoir envoyé moudre dans le moulin et cuire dans le four de ces mêmes hommes. C'est à leur faire des rentes que passe une partie du revenu de son petit domaine, et ces rentes sont imprescriptibles et irrachetables.

» Quoi qu'il fasse, il rencontre partout sur son chemin ces voisins incommodes, pour troubler son plaisir, gêner son travail, manger ses produits ; et, quand il a fini avec ceux-ci, d'autres, vêtus de noir, se présentent, qui lui prennent le plus clair de sa récolte. Figurez-vous la condition, les besoins, le caractère, les passions de cet homme, et calculez, si vous le pouvez, les trésors de haine et d'envie qui se sont amassés dans son cœur. » [1]

Au début, la féodalité, telle qu'elle était pratiquée, constituait assurément un excellent gouvernement. Le seigneur protégeait son vassal en cas de danger, l'assistait s'il était trop pauvre pour vivre de ses ressources, et lui accordait bonne et loyale justice. En retour, le vassal consacrait son travail et sa vie à son seigneur. Mais, par la suite, des abus se produisirent ; les seigneurs et leurs officiers se ren-

---

1. L'*Ancien régime et la Révolution*, (Paris, 1860), p. 66-67.

dirent odieux et Louis XVI devait expier les vio-
lences féodales qui, seules, ont amené les excès de
la Révolution.

Au nombre des impôts, le plus lourd était la
corvée.

Les Romains, en affranchissant leurs esclaves,
se réservaient sur eux un droit de corvée assez
modéré, du reste. Plus tard, les seigneurs agirent
de même en France. Le président Bouhier appelle
la corvée une faveur, attendu qu'elle était exigée
pour prix de la liberté accordée aux serfs, comme
si un homme avait le droit d'ôter la liberté aux
autres hommes, puis de la leur faire racheter !...

Les corvées, qui consistaient en journées de
corps, en charrois ou en bêtes, étaient de deux
sortes, les unes réelles, dues à cause des héritages,
les autres personnelles, acquittées par les hommes
de labeur résidant dans l'étendue de la seigneurie,
chacun suivant sa profession.

Jusqu'à la fin du xi° siècle environ, les corvées
étaient soumises, pour la plupart, à la volonté et au
caprice du seigneur, c'est ce qu'on appelait corvée à
merci.

On sait que Louis le Gros s'occupa activement de
l'amélioration du sort de ses sujets. Plusieurs de
ses successeurs partagèrent ses idées sur ce point
et se rendirent populaires én attaquant la féodalité.
Ils s'aperçurent que la prospérité de leurs sujets
contribuait à accroître leur richesse, aussi firent-ils
tous les efforts possibles pour restreindre le nombre
des corvées exigées par les seigneurs. C'est alors
qu'il fut réglé que chaque paysan, corvéable à merci,
ne pourrait être astreint à plus de douze corvées par
an. Il était interdit au seigneur de prendre plus de

trois corvées par mois ni plus d'une dans la même
semaine. Cependant, comme les paysans devaient
servir leur maître à sa volonté, il arriva que, dans
plusieurs provinces, les serfs qui firent accord avec
leur seigneur s'estimèrent heureux de ne lui devoir
qu'une corvée par semaine, ce qui faisait *cinquante-
deux* corvées annuellement !

Ainsi, voilà une charge, assez douce au début,
qui devient inique par la suite, et il en fut à peu
près de même pour d'autres droits seigneuriaux.

Le corvéable était ou devait être averti deux jours
d'avance. Sa journée s'étendait du soleil levant au
soleil couchant; aussi le seigneur se gardait-il, le
plus souvent, d'exiger des corvées en hiver. Quand
le malheureux serf n'était point assez robuste pour
faire le travail du maître, celui-ci prenait un ouvrier
aux frais du corvéable.

Il arrivait rarement que l'homme travaillant à la
corvée reçût un salaire. Dans la plupart des cas, il
ne touchait rien et n'en devait pas moins se nourrir
et subvenir aux besoins de sa femme et de ses
enfants. Aussi, comment était-il possible que ces
malheureux pussent amasser quelque bien ? Ils ne
possédaient que leurs misérables cabanes, leurs
petits champs et leurs bras, et ils n'étaient pas
toujours libres de disposer de ceux-ci pour leurs
propres travaux. Ne devaient-ils pas abandonner
leur moisson, leurs semailles pour s'occuper de
celles du maître ? Ne fallait-il pas loger des soldats,
payer la dîme féodale, la dîme ecclésiastique, le
champart, les impôts et le reste ? Aussi peut-on
appliquer à chaque paysan ces vers de la Fontaine :

Quel plaisir a-t-il eu depuis qu'il est au monde ?
En est-il un plus pauvre en la machine ronde ?
Point de pain quelquefois, et jamais de repos.
Sa femme, ses enfants, les soldats, les impôts,
Le créancier et la corvée,
Lui font d'un malheureux la peinture achevée... [1]

Au XVIIIᵉ siècle, la corvée seigneuriale était devenue très rare, mais, parce qu'elle devint royale, elle n'en fut pas moins lourde.

Les grands chemins étaient fort peu entretenus antérieurement au XVIIᵉ siècle, ou ils l'étaient par l'État et par les propriétaires riverains. Sous Louis XIV, la corvée fut appliquée à leur entretien. Elle s'étendit ensuite à tous les travaux publics, au transport des forçats, des effets militaires, des mendiants dans les maisons de charité, des bois de construction pour la marine, etc.

Turgot parvint, en 1776, à abolir temporairement les corvées ; il trouvait qu'elles étaient inégalement réparties et qu'elles constituaient une charge très forte. Les bœufs, les chevaux, malmenés et surchargés, étaient souvent malades après y avoir été employés. Les paysans se trouvaient exposés à la violence des militaires, aussi arrivait-il fréquemment que les corvéables préféraient donner quinze ou vingt livres plutôt que de fournir une voiture et quatre bœufs.

Les paysans ne pouvaient employer leurs corvées à l'entretien des chemins de leur village, qui leur étaient cependant d'un besoin journalier ; ils devaient les consacrer aux *chemins du roi*, ces malheureux qui ne voyageaient jamais !...

1. *Œuvres complètes de la Fontaine*, liv. Iᵉʳ, fable XVI. (Paris, Sautelet, 1826.)

Il arrivait bien souvent que les paysans ne pouvaient acquitter ce droit ; des émeutes se produisaient et les femmes s'écriaient : « Voyez-vous ! on songe aux pauvres gens quand il s'agit de la corvée ; on ne s'en occupe point pour les faire vivre. » Aussi, en 1737, le contrôleur général autorisait les intendants des provinces à emprisonner les récalcitrants.

L'abolition de la corvée dans la nuit du 4 août 1789 fut saluée par les paysans d'un cri de soulagement facile à comprendre.

Les nobles, les ecclésiastiques, les officiers de justice, les avocats, les clercs, les roturiers, les médecins, les banquiers, les notables n'étaient point assujettis à cette charge. En 1735, un seigneur voulut obliger un notaire de sa seigneurie à venir faire pour rien pendant trois jours les actes qu'il avait à passer sur son domaine, mais un arrêt du Parlement l'empêcha de mettre à exécution cette folle prétention.

Après la corvée, il convient de placer la *taille*. C'était une espèce d'impôt que les sujets payaient au roi et les paysans aux seigneurs. Le roi et les seigneurs établissaient cet impôt suivant leurs besoins, d'où est venu le nom de taille à volonté.

La taille fut ainsi appelée parce que ceux qui devaient la recouvrer ne sachant que très rarement lire se servaient d'un morceau de bois fendu sur lequel ils faisaient un trait, une *entaille*, à chaque paiement ; une partie du morceau de bois restait entre les mains du collecteur, et l'autre entre celles du taillable ; en les rapprochant, on connaissait le montant des sommes payées. De nos jours, les boulangers se servent encore de tailles pour régler leurs comptes.

Sous les prédécesseurs de Louis IX, la taille était quelquefois perçue en nature sur le pain et sur le vin, puis elle fut payée en argent.

En 1439, les états d'Orléans accordèrent généreusement une taille générale à Charles VII, afin de l'aider à chasser les Anglais de France. D'abord temporaire et volontaire, la taille devint sous ce même roi perpétuelle et obligatoire. Jusqu'au commencement du xve siècle, les biens du clergé étaient astreints à la taille ; ils en furent exempts à partir de cette époque.

La noblesse, le clergé, les officiers généraux et les plus riches ne payaient point la taille ; elle n'était acquittée que par les roturiers en proportion de leurs biens et de leurs revenus : c'est cette inégalité des charges qui rendit les tailles onéreuses et odieuses.

Les paysans avaient double taille à payer : l'une au seigneur, l'autre au roi.

Lorsque le roi frappa tous ses sujets d'une taille annuelle, on murmura, mais on paya.

La taille, livrée le plus souvent à l'arbitraire pour la répartition, mais solidaire pour sa perception, était sujette à des variations annuelles par suite de l'augmentation ou de la diminution de la fortune des paysans. Or, comme la somme totale due par la paroisse était fixée tous les ans et qu'elle ne se trouvait pas toujours être la même, de manière que l'on ne savait jamais d'avance ce qu'on aurait à payer l'année suivante, chacun des cultivateurs avait tout intérêt à surveiller l'accroissement de la fortune de son voisin. Ils ne manquaient jamais de dénoncer les progrès de la richesse de ceux qui avaient vu leur maison prospérer. De ces délations naissaient les

jalousies et les haines. C'est ce qui fait dire avec raison
à M. H. Taine : « Chaque année, les élus et leurs collecteurs, munis d'un pouvoir arbitraire, fixent la taille
de la paroisse et la taille de chaque habitant. Entre
ces mains ignorantes et partiales, ce n'est pas l'équité
qui tient la balance, c'est l'intérêt privé, la haine
locale, le désir de la vengeance, le besoin de ménager
un ami, un parent, un voisin, un protecteur, un
patron, un homme puissant, un homme dangereux. » [1]

On prenait dans chaque paroisse un homme qui
était chargé de répartir entre tous les paysans la
somme fixée pour le montant de la taille. Il était en
même temps chargé de recouvrer l'impôt ; on l'appelait le *collecteur*.

La charge de collecteur était loin d'être enviée,
ainsi que nous l'apprennent plusieurs auteurs, entre
autres Turgot, qui disait : « Cet emploi cause le
désespoir et presque toujours la ruine de ceux qu'on
en charge ; on réduit ainsi successivement à la
misère toutes les familles aisées d'un village. » En
effet, comme il fallait absolument un collecteur, et
que chacun se dérobait à cette fonction, on obligeait
les paysans à la remplir à tour de rôle ; il arrivait
souvent que la plupart des collecteurs étaient ignorants et surtout peu honnêtes.

On lit dans les procès-verbaux d'une assemblée
provinciale en 1779 : « La confection de chaque rôle
se ressent du caractère de celui qui le fait. Le collecteur y imprime ses craintes, ses faiblesses ou ses
vices. Comment, d'ailleurs, y réussirait-il bien ? Il
agit dans les ténèbres, car, qui sait au juste la

1. *Les Origines de la France contemporaine,* Paris, 1885,
p. 479.

richesse de son voisin et la proportion de cette richesse avec celle d'un autre ? Cependant, l'opinion du collecteur seul doit former la décision, et tous ses biens et même sa personne répondent de ses recettes. D'ordinaire, il lui faut perdre pendant deux ans la moitié de ses journées à courir chez les contribuables. Ceux qui ne savent pas lire sont obligés d'aller chercher dans le voisinage quelqu'un qui les supplée. »

Parmi les principaux droits féodaux et les redevances que devaient acquitter nos ancêtres, les uns étaient légitimes parce qu'ils représentaient le loyer de la terre concédée primitivement par les seigneurs ; les autres n'étaient rien moins que des exactions arbitrairement imposées dans les temps du servage et qui s'étaient perpétuées longtemps après l'affranchissement des serfs ; mais ces droits variaient d'une seigneurie à l'autre.

L'Église, qui était entrée par ses domaines fonciers dans le système féodal, jouissait au même titre que les seigneurs laïques des droits attachés à la terre, mais elle faisait généralement à ses tenanciers une condition plus douce.

On se fait ordinairement une idée fausse de la féodalité. Louée par les uns, dénigrée par les autres, cette sorte de gouvernement n'est pas toujours présentée avec l'impartialité qui convient à l'historien sérieux. Il faut un jugement droit pour apprécier les choses sans parti pris.

Ainsi, contrairement à l'opinion courante, d'après laquelle la féodalité n'aurait été que misères et oppression, bon nombre de seigneurs traitaient leurs tenanciers avec égards et adoucissaient dans une large mesure les charges féodales.

La *chasse,* que n'avaient pas manqué de se réserver les seigneurs sur les terres de leurs vassaux, était une habitude tellement indispensable aux gentilshommes, qu'il leur eût été impossible de vivre une journée sans brosser les bois ; ils tenaient bien plus à la peau d'une bête sauvage qu'à la vie d'un homme. Tout individu surpris prenant de nuit des lapins dans le bois du seigneur était pendu ; quant aux braconniers, on les envoyait aux galères. « Le seigneur seul, fait observer fort justement M. Paul Lacombe, avait droit de mort sur toutes les bêtes des champs, et il se montrait presque aussi jaloux de sa chasse que de ses prérogatives honorifiques. Quand le seigneur chassait, chiens, chevaux et piqueurs passaient à travers les champs, comme un orage. Les haies, les clôtures étaient rompues ; car, en droit, le paysan ne devait pas se clore ; cela aurait trop gêné la chasse du seigneur ; les murs même, souvent, le seigneur les faisait abattre à l'occasion d'une grande chasse. Quant aux égards, aux ménagements, aux tempéraments que le seigneur portait dans l'exercice de ses plaisirs, on peut deviner ce qu'ils devaient être, d'après le caractère général de cette classe.

« Après cela, est-il besoin de dire que tous les Français, sauf un petit nombre insignifiant, étaient la proie de la misère ? » [1]

Le droit d'*épaves* livrait au seigneur les débris du naufrage et même la personne des naufragés.

Le droit de *relief* se payait à chaque mutation.

Le *champart* ou *terrage* accordait aux seigneurs le droit de percevoir une certaine portion de fruits

---

1. *Petite histoire du peuple français,* p. 198.

sur les terrains concédés par lui ou par ses prédécesseurs. Cette redevance se payait en nature et sur le champ même; elle était ordinairement du quart ou du cinquième de la récolte.

Le *cens* était une redevance seigneuriale foncière et perpétuelle, non rachetable, qui se payait tantôt en argent, tantôt en argent et en fruits.

Le droit de *lods et ventes* était payé à la vente d'un héritage censier.

« Le cens, dit M. P. Lacombe, est accompagné de *lods et ventes*. Chaque fois que l'homme libre vend ou donne cette terre, qui est toujours réputée appartenir au seigneur, il est obligé de faire confirmer sa disposition par le seigneur; obligé aussi de lui payer un droit. Les lods et ventes répondent, comme on voit, aux droits de mutation perçus aujourd'hui par l'enregistrement au profit de l'État. En somme, qu'est-ce qui distingue l'homme libre du serf? 1° Le pouvoir d'aliéner, d'échanger, de léguer ses biens, de les traiter à sa volonté; 2° il n'est pas soumis à certaines corrections corporelles que le maître peut infliger à ses serfs. » [1]

Chacun de nos aïeux payait, en se mariant, le *casuel* au curé; il acquittait la *grosse dîme* sur son grain ou sur son vin; la *menue dîme* et la *dîme verte* sur ses foins, ses haricots, ses lentilles, ses pois, etc.; la *dîme novale,* pour un champ qu'il avait nouvellement défriché; la *dîme de charnage* sur son troupeau, ses volailles, ses veaux et ses cochons.

Voici une autre série de droits communs à un grand nombre de seigneurs; ces droits, du reste, appartenaient tous aux seigneurs de Démuin :

1. *Petite histoire du peuple français*, p. 113.

Tonlieu, droit de douane sur les marchandises transportées par terre ou par eau ;

Péage, droit de passage perçu au bord des rivières et sur les routes. « La seigneurie n'est pas percée de routes, lit-on dans le consciencieux ouvrage de M. Paul Lacombe, mais de quelques chemins en assez mauvais état. Une voiture aurait peine à se tirer de leurs boues l'hiver ; mais il n'y a pas de voitures ; il n'y a encore que des charrettes, qui servent à transporter les récoltes. Il passe aussi par ces chemins quelques cavaliers, des seigneurs du voisinage ou des marchands. Ces chemins ont été faits par les paysans, soit spontanément, soit sur les ordres du seigneur et par corvées. C'est assez pour que le seigneur se croie raisonnablement autorisé à lever un droit de péage sur tous les passants. A un certain endroit, une chaîne est tendue en travers de la voie ; deux ou trois hommes d'assez mauvaise mine et qu'on prendrait volontiers pour des voleurs, se tiennent le jour auprès de la chaîne et ne la lèvent que devant ceux qui ont acquitté le péage » ; [1]

Travers, droit perçu sur les marchandises transportées à travers les terres d'un seigneur ;

Rouage, droit levé sur les voitures pour le dommage que les roues causaient aux chemins ;

Forage, droit sur le vin vendu en détail ;

Banalité, droit qu'avaient les seigneurs d'obliger leurs sujets de faire cuire leur pain à son four, faire moudre leurs grains à son moulin et pressurer leurs raisins à son pressoir, moyennant rétribution, bien entendu. « Ce genre d'obligations, fait juste-

---

1. *Petite histoire du peuple français,* p. 111.

ment observer M. Paul Lacombe, parut toujours
très dur aux populations, non parce que le prix fixé
par le seigneur était exagéré, mais parce qu'il en
résultait toutes sortes d'incommodités : par exemple, le moulin seigneurial étant unique, se trouvait
souvent encombré ; des hommes venus des extrémités de la seigneurie étaient parfois obligés de
rester devant la porte du moulin plusieurs jours,
attendant leur tour de moudre » ; [1]

Herbage, droit qu'avait le seigneur de choisir les
plus beaux animaux dans les troupeaux qui passaient sur ses domaines ;

Chausséage ou droit de chaussée, payé au seigneur pour passer sur certaines chaussées ;

Confiscation, droit possédé par les seigneurs
hauts justiciers de faire saisir les biens du con-
damné ;

Épave, droit qui permettait aux seigneurs de
s'emparer des bestiaux et des meubles sans maître,
des essaims perdus et des trésors trouvés ; ce droit
s'étendait aussi aux terres incultes, aux alluvions
des cours d'eau, aux biens des personnes décédées
sans héritiers, aux biens des bâtards et des étrangers. [2]

Je n'en finirais pas si je voulais énumérer tous
les droits féodaux auxquels étaient assujettis nos
ancêtres. Toutefois, je dirai un mot de quelques
singularités et de quelques coutumes bizarres dues
à l'institution de la féodalité.

Ainsi, le seigneur de Mareuil-Caubert pouvait se
faire ouvrir la Portelette d'Abbeville, lorsqu'il le

1. *Petite histoire du peuple français,* p. 112.
2. A. Rambaud, *Histoire de la civilisation en France,* II, p. 86.

voulait; il choisissait avant tout le monde, sur le marché de cette ville, un lot de poissons; il avait la faculté de traverser une fois l'an la salle des gardes du château de Huppy, accompagné de sa suite et de ses chiens. L'un de ses tenanciers lui devait annuellement une paire d'éperons de fer; un autre lui devait deux verres; un troisième lui devait quatre verres; un quatrième lui fournissait du cresson tous les jours pendant le carême et durant deux mois de l'été; le reste de l'année, il n'était tenu de lui en livrer que trois fois la semaine. Un autre tenancier lui présentait annuellement une douzaine d'éteufs blancs. D'autres enfin devaient lui offrir des chapeaux de roses ou de violettes ou de fleurs de différentes couleurs. Je ferai remarquer que ces chapeaux étaient des couronnes, le symbole le plus important des droits honorifiques.

Le seigneur d'Andechy était soumis à une singulière obligation. Quand le nouveau doyen du chapitre de Saint-Florent de Roye faisait sa première entrée dans la collégiale, le seigneur d'Andechy était tenu de se rendre chez le doyen, de lui mettre ses éperons, de lui tenir son étrier, de l'aider à monter sur sa bête, de l'accompagner jusqu'au-devant du grand portail, de lui tenir son étrier pour l'aider à descendre et, finalement, de lui ôter ses éperons. En échange de ce service, la monture du doyen lui appartenait; tant mieux si elle était jeune et vigoureuse.

Le seigneur de Drucat faisait battre les fossés de son château par les habitants pour qu'ils fissent taire les grenouilles pendant son sommeil. Mais l'on se demande si le bruit causé par les longues perches servant à battre l'eau, n'était pas plus étourdissant que le coassement des batraciens.

Ailleurs, des tenanciers dansaient une bourrée devant le seigneur, contrefaisaient l'ivrogne ou chantaient une chanson gaillarde à la dame du château. Ailleurs encore, des tenanciers étaient assujettis à venir, certain jour de l'année, baiser la serrure et les verrous de la porte du donjon. D'autres devaient se présenter devant le seigneur, qui leur tirait le nez, ou les oreilles, ou leur donnait des soufflets.

Je m'arrête, car il faudrait un gros volume pour faire l'historique de ces droits féodaux, abolis dans l'immortelle nuit du 4 août 1789.

CHAPITRE V

L'ÉGLISE

Généralement, les églises rurales étaient fort simples; cependant, leur structure et les figures qui les ornaient avaient une signification. Les idées abstraites et religieuses qui s'y trouvaient représentées par des objets matériels méritent une explication.

Chaque partie de l'église a sa signification symbolique qui lui est propre. Les quatre bras de la croix figurent les vertus cardinales; ils ont aussi une autre signification : la nef symbolise la fermeté et les trois autres bras, les trois vertus théologales. La longanimité est représentée par la longueur de la nef; la charité, par sa largeur; l'espérance du pardon, par sa hauteur. Les fondations figurent la foi, parce qu'elle est la base de toutes les vertus; la charité se trouve encore représentée par le toit, en ce qu'elle est regardée comme le suprême accomplissement de la loi.

La nef, le chœur et le sanctuaire figurent les trois degrés de la vie spirituelle : la purification, l'union et l'illumination.

La forme de croix donnée aux églises rappelle la

croix sur laquelle expira le Christ ; les chapelles de l'abside figurent sa couronne d'épines ; l'inclinaison de l'axe symbolise sa tête penchée ; les transepts représentent ses bras et l'autel indique son cœur.

Le chœur représente le sanctuaire des temples juifs, ce que l'on appelait dans la terre d'Israël le *Saint des Saints*. Les stalles figurent les sièges de la milice céleste, les Trônes, les Archanges, les Puisssances. Les marches du parvis, élevées au-dessus du sol, apprennent à l'homme que le séjour de Dieu est au-dessus de toutes les demeures humaines.

La flèche, c'est l'élévation de l'âme qui se rapproche du ciel. Le coq qui surmonte le clocher, c'est le prédicateur qui fait entendre la parole divine.

Les fonts baptismaux sont à l'entrée parce qu'on ne pénètre dans l'église que par la régénération.

Antérieurement au XIIᵉ siècle, on ne voit pas de portrait de Dieu le père ; il est représenté jusqu'alors par une main sortant des nuages ou du ciel ; en effet, la main étendue symbolise la Providence.

La résurrection du Christ est représentée par le phénix qui renaît de ses cendres ; sa passion, par le pélican qui s'ouvre la poitrine pour nourrir ses petits de son sang. L'eucharistie est représentée par l'épi de blé et le raisin, — le pain et le vin, — quelquefois aussi par un agneau blessé dont le sang, coulant des pieds et du cœur, tombe dans un calice.

Dans quelques grandes cathédrales, on ne compte pas moins de cinq à six mille statues, grandes ou petites. Ces statues sont une leçon pour instruire, un sermon pour moraliser, un exemple pour édifier. Elles représentent toute la science, tout le dogme chrétien, toute l'histoire de l'Église et de l'humanité.

C'est une encyclopédie de pierre; les vitraux coloriés, qui ont le même but, sont un livre pour ceux
qui ne savent pas lire.

Sur les voussures du portail des cathédrales, sur
la façade sont retracés les miracles des saints et
des apôtres, les travaux des douze mois de l'année,
la création, le jugement dernier, des épisodes bi-
bliques surtout, des scènes qui rappellent les scandales des vices les plus honteux.

Le péché est figuré par des animaux réels ou
fantastiques; le rat, qui détruit tout ce qu'il touche,
c'est le démon qui cherche à dévorer les hommes;
le poisson est l'emblème du chrétien; l'aigle qui
s'élève dans les airs jusqu'aux nuages figure l'ascen-
sion du Christ.

Ces analogies, dont je pourrais citer de nombreux
exemples, tiennent une grande place dans la litté-
rature religieuse du moyen âge et constituent ce
que l'on appelle la *symbolique chrétienne*. Cette
symbolique développe toutes ses fantaisies sur la
cathédrale d'Amiens.

Antérieurement au règne de Hugues Capet, l'architecture religieuse avait déjà changé deux fois.
Sous les Romains, elle offrait le type latin; sous les
Carlovingiens, le type byzantin. A la fin du xe siècle,
elle prit le type roman, caractérisé par ses colonnes
massives, ses chapiteaux ornés de feuillages et d'animaux fantastiques, sa simplicité et surtout ses voûtes
et ses fenêtres à plein cintre. Au type roman succéda,
au xiiie siècle, le type ogival, dont la cathédrale
d'Amiens est l'un des modèles les plus achevés.

Le type ogival se distingue par l'emploi de l'arc
aigu dans la construction des voûtes et des fenêtres,
ce qui permet de bâtir sur des vides de proportions

illimitées en hauteur, et de donner aux piliers de support une légèreté merveilleuse. La science moderne a démontré que l'arc aigu est celui dont l'exécution est la plus simple, la stabilité la plus grande et la poussée la plus faible.

Au fur et à mesure que l'architecture ogivale se perfectionnait, que les piliers s'allongeaient, que les voûtes gagnaient en hardiesse, les ornements sculptés se multipliaient à l'infini. A la fin du XVe siècle, le style ogival subit une transformation; il allait faire place au style de la Renaissance.

Jusque dans ces derniers temps, on remarquait sur le pourtour extérieur de l'église de Démuin une large bande peinte en noir, dont il ne reste plus aujourd'hui que des traces insignifiantes; c'était ce que l'on appelait une *litre* ou ceinture funèbre. Il n'appartenait qu'aux seigneurs hauts justiciers, aux fondateurs ou aux patrons des églises de témoigner de leur noblesse par ces emblèmes d'un deuil perpétuel. Ces seigneurs seuls pouvaient placer dans les églises leurs écussons et ceux de leurs alliances. Des messes annuelles, trimestrielles ou quotidiennes, rappelaient leur souvenir longtemps après qu'ils avaient disparu de ce monde.

C'était, en effet, le privilège de la noblesse de rendre ses morts toujours présents par des signes matériels. Seule avec le clergé, elle avait le droit de se faire inhumer dans les églises, d'y placer des pierres funéraires, d'y élever des tombeaux, et ces tombeaux étaient la biographie figurée de celui dont ils recouvraient les cendres.

Lorsque le défunt était mort en terre sainte pendant une *croisade,* on le représentait les bras et les jambes *croisés;* lorsqu'il était mort en captivité, on recouvrait son cercueil d'une grille ; lorsqu'il était mort en campagnard dans son château, on figurait sous ses pieds un ou deux lévriers, emblème du plaisir de la chasse.

Un historien du XVIᵉ siècle, André Favyn, dit à ce sujet dans son *Théâtre d'Honneur et de Chevalerie* (Paris, 1620) : « Mort en guerre, qui est le lit d'honneur de la vraye noblesse, son effigie en bosse et de relief doit estre dessus sa sépulture, représentée à genoux, le heaume en teste, l'espée au costé, les esperons aux pieds, les gantelets aux mains, armé de toutes pièces et, par-dessus, la cotte de ses armes. Et, au-dessus de sa dicte sépulture sa bannière, estendart et penon et l'escu de ses armes.

» S'il est mort de maladie ou blessure estant en faction de guerre, son effigie doit estre armée de cuirace et cotte d'armes, et à costé près de lui son heaume et non pas en teste, ses gantelets auprès : bien peut-il avoir l'espée au costé et les esperons aux pieds, et, dessus sa sépulture, il ne doit avoir que la cornète et le penon au plus, et non le grand estendart.

» S'il est mort pacifique, c'est-à-dire de maladie en sa maison, sa figure ne doit estre à genoux, mais seulement couchée de son long, avec sa cotte d'armes et harnais de parade, le heaume et les esperons à ses pieds et les dits pieds appuyez et posez contre deux petits chiens. [1]

---

1. Dans la *Science héroïque* (Paris, 1644, p. 478), la Colombière dit que les gentilshommes et les chevaliers « morts dans leur lit en pleine paix estoient représentés avec leur cotte d'armes desceinte, la teste descouverte sans casque, les yeux fermés et leurs pieds appuyés contre le dos d'un levrier, et sans aucune espée. » Le même auteur dit plus loin que « ceux qui

» Telles circonstances doivent estre soigneusement gardées par les sculpteurs qui bien souvent confondent par leur ignorance grossière l'ordre de telles cérémonies qui jadis estoient exactement gardées. »

Ces prescriptions, qui furent peut-être observées rigoureusement à l'origine, n'ont pas dû tarder à faire place aux exigences de l'orgueil des familles. Presque toujours, les tombeaux des chevaliers s'élevaient dans de modestes églises rurales, au fond des provinces, aux lieux où la famille exerçait son ascendant seigneurial. La vérité se trouvait ainsi à la discrétion des intéressés, qui étaient en possession d'une autorité presque sans contrôle ; le roi se souciait fort peu de ce genre d'usurpation ; le peuple ignorait toutes choses ; le chapelain, l'artiste mercénaire et quelques familiers du château pouvaient être seuls dans le secret ; la famille elle-même ne savait pas toujours d'une façon certaine les circonstances réelles de la mort du chevalier pleuré, car il avait fini ses jours dans des guerres lointaines, à une époque dépourvue de toute publicité, sans gazettes et sans état civil. Aussi, les vaincus dans le combat passaient-ils assez ordinairement au rang des vainqueurs le jour où le marbre et la pierre préparaient pour la postérité cette trompeuse histoire. [1]

mouroient en rencontre ou bataille du costé des vaincus, devoient estre figurés sans cotte d'armes, l'espée ceinte au costé dans le fourreau, la visière levée et ouverte, les mains joinctes devant leur poitrine, et leurs pieds appuyés contre le dos d'un lyon mort et terrassé. »

1. P. Roger, *Noblesse et chevalerie du comté de Flandre, d'Artois et de Picardie*, p. 188.

Quant aux roturiers des campagnes, une simple croix de bois était assez pour eux, et l'on ne trouverait pas dans tous les cimetières de la France une seule tombe, si modeste fût-elle, qui rappelle le souvenir d'un paysan mort il y a deux siècles.

Bien longtemps avant la construction des châteaux et même pendant tout le cours du moyen âge, les églises rurales servaient de refuge aux paysans en temps de guerre; ils étaient souvent pris à la suite d'un moyen fréquemment employé : l'incendie de l'église par les assaillants.

La guerre terminée, les survivants s'occupaient de la reconstruction d'une nouvelle église, mais les ressources dont ils disposaient ne leur permettaient pas toujours l'emploi d'essiles ou de tuiles pour la toiture; il n'y a donc pas lieu de s'étonner qu'un grand nombre d'églises rurales aient été couvertes en chaume.

L'entretien du chœur et du sanctuaire des églises était à la charge des gros décimateurs et des curés, mais la nef était entretenue aux frais des paroissiens. « Les habitants ne s'y réunissaient pas seulement pour adorer Dieu; les assemblées communales s'y tenaient; les syndics et les collecteurs y étaient élus; des transactions, des enchères y avaient lieu; on y faisait parfois l'école. Parfois même, on y déposait du bois, des meubles, des grains, des pailles. Au XVIᵉ siècle, lorsque le relâchement s'était introduit partout, on dansait, on tenait des marchés, l'on donnait des spectacles de tous genres dans les églises. » [1]

Cet état de choses se perpétua jusqu'à la fin du

1. A. Babeau, *Le Village sous l'ancien régime.*

xviᵉ siècle, « mais, jusqu'à la Révolution, le profane resta mêlé au sacré de l'église par le prône de la messe paroissiale. » En effet, c'est au prône que le curé donnait lecture des actes de l'autorité, tels que lettres patentes, ordonnances royales, règlements, etc.; tous les événements publics, victoires, prises de villes, traités de paix, étaient ainsi annoncés par le curé.

Le clocher de l'église était également à la charge des habitants auxquels appartenaient aussi les cloches. A l'approche de l'ennemi, un guetteur, placé dans le clocher, donnait l'alarme en sonnant l'une des cloches.

Le tocsin était aussi sonné en cas d'incendie et, lorsqu'un orage se produisait, le maître d'école sonnait la cloche, ce qui était souvent l'occasion de la ruine du clocher et de l'église.

TABLE DES MATIÈRES

CHAPITRE II

LE CHATEAU (P. 115 à 129)

CHAPITRE III

LA SEIGNEURIE (P. 131 à 139)

CHAPITRE IV

DROITS FÉODAUX (P. 141 à 155)

CHAPITRE V

L'ÉGLISE (P. 157 à 164)

VIRER NE SÇAI

Abbeville, imp. du Pilote de la Somme, Fourdrinier et Cᵉ

PRINCIPAUX OUVRAGES DU MÊME AUTEUR

Catalogue analytique des Manuscrits de la Bibliothèque d'Abbeville, précédé d'une notice historique. — Abbeville, 1885. Gr. in-8°, 3 pl.

Bibliothèque communale d'Abbeville. Notice sur l'Évangéliaire de Charlemagne. — Abbeville, 1885. Gr. in-8°, 3 pl.

Illustrations contemporaines. Panthéon abbevillois. Boucher de Perthes; sa vie, ses œuvres, sa correspondance. — Abbeville, 1885. Gr. in-8°.

Panthéon abbevillois. Millevoye, sa vie, ses œuvres. — Abbeville, 1886. In-8°, Portr.

L'Imprimerie et la Librairie à Abbeville avant 1789; lecture faite au Congrès de la Société des Antiquaires de Picardie le 11 juin 1886. — Abbeville, 1887. In-8°.

La Vallée du Liger et ses environs. — Paris, 1887. In-8°. 12 pl.

Deux années d'invasion en Picardie. — Paris, 1887. In-8°.

La Somme cantonale. Moreuil et son canton. Paris, 1889. In-8°. Pl.

La guerre de Trente ans en Artois. — Paris, 1890. In-8°.

Monographie d'un Bourg picard. 2e partie. L'histoire de Démuin depuis les temps les plus reculés jusqu'à nos jours. — Paris, 1890. In-8°. Pl.

Notices et choix de documents inédits sur la Picardie. — Paris, 1890. Gr. in-8°. Pl. et fig.

Le *Cabinet historique de l'Artois et de la Picardie.* Revue mensuelle d'histoire locale.

Abbeville, imp. du « Pilote de la Somme », Fourdrinier et Cⁱᵉ.

www.ingramcontent.com/pod-product-compliance
Lightning Source LLC
Chambersburg PA
CBHW072248270326
41930CB00010B/2306